Hoy Dios
quiere que
sepas. . .
*Que eres*
*hermosa*

Hoy Dios
quiere que
sepas. . .
*Que eres
hermosa*

Valorie Quesenberry

BARBOUR
ESPAÑOL
Un Sello de Barbour Publishing

ISBN 978-1-64352-875-5

Desarrollo editorial: Semantics, Inc. semantics01@comcast.net

Publicado por Barbour Español, un sello de Barbour Publishing, Inc., 1810 Barbour Drive, Uhrichsville, Ohio 44683.

*Nuestra misión es inspirar al mundo con el mensaje transformador de la Biblia.*

Member of the
Evangelical Christian
Publishers Association

Impreso en Estados Unidos de América

# Contenido

# Eres hermosa.

Este libro está lleno de todas las razones por la que lo eres.

Estas no son entradas de un manual acerca del pensamiento positivo, sino declaraciones de hechos; verdades con las que puedes contar.

Cada mujer anhela la belleza, en sí misma y en su mundo. Así es como Dios nos hizo, creadas en su gloriosa imagen y dotadas de sus sentimientos y anhelos. Aunque somos un caleidoscopio de personalidades, estilos y preferencias, las mujeres por diseño tienen un conocimiento innato que estamos hechas para la belleza.

Y tú, hoy, en este momento, reflejas una belleza indescriptible.

Dios lo ve. Él quiere que lo creas.

*Hoy, Él sostiene su espejo para mostrarte a la mujer que ve.*

*Hoy, Él ofrece revitalizar tu belleza con su redención y gracia sanadora.*

*Hoy, Él se goza por ti.*

Adelante; atrévete a creerlo. Hoy, Dios quiere que sepas que eres hermosa.

# HERMOSA POR DISEÑO

## *La fabulosa*

*Tú me observabas mientras iba
cobrando forma en secreto,
mientras se entretejían mis partes
en la oscuridad de la matriz.*
SALMOS 139:15 NTV

Fuiste creada de acuerdo a un patrón. Ninguna unión casual de ADN te trajo a este mundo. Tus padres pueden o no haber "planeado" tu creación, pero Dios lo hizo. Y mientras eras el pequeño embrión que una vez te estabas formando en ese lugar oculto, Dios observó y esperó hasta que su obra maestra estuviera lista para entrar en el mundo exterior. Y cuando llegó el momento, Él sabía que eras hermosa. Y aún lo eres.

# Pensamiento maravilloso

*No obstante, es el espíritu en el hombre, el soplo
del Todopoderoso, que le hace entender.*
Job 32:8 RVA

Eres hermosa de adentro hacia afuera.

Fuiste diseñada para irradiar belleza desde tu interior. A menudo, sentimos que nuestras opiniones y perspectivas no son importantes. Es probable que expreses tu punto de vista y otros sigan hablando. Es probable que cuentes una broma y nadie se ría. Puede que tengas una gran idea que se ignora. Pero Dios escucha cada pensamiento y está complacido con la persona que Él creó. Para Dios, eres sobresaliente e interesante.

## Entrada y salida

*Me ves cuando viajo y cuando descanso en casa.*
*Sabes todo lo que hago.*
*Sabes lo que voy a decir incluso*
*antes de que lo diga, Señor.*
SALMOS 139:3-4 NTV

Dios te entiende. Tus pensamientos. Tus emociones. Tus anhelos. Lo que les impulsa. Él está íntimamente familiarizado con todos tus caminos. Él sabe cómo navegas por la ola de los sentimientos y que a veces sientes que pasas por debajo de la cima en lugar por encima. Pero Él quiere que creas que conoce la belleza en tu interior y que ninguna marea de emoción puede ahogarla.

# No lo encuentras en Pinterest

*A uno dio cinco talentos,*
*a otro dos y a otro uno,*
*a cada uno conforme a su capacidad.*
MATEO 25:15 RVR

Eres única. Esa eres tú. Con una creatividad única.

Muchas mujeres dicen: "No soy creativa". No es verdad.

Por supuesto, es fácil ver por qué nos sentiríamos así con las publicaciones de Pinterest que nos muestran todas las cosas maravillosas que podríamos hacer en nuestro tiempo libre, y luego con las publicaciones de nuestros amigos en Facebook que muestran a "todos los demás" que ¡realmente las están haciendo!

Pero tú tienes una creatividad única dada por Dios. ¡Cree eso hoy!

## Una belleza de bendición

*Ahora bien, hay diversidad de dones,*
*pero el Espíritu es el mismo.*
*Y hay diversidad de ministerios, pero el Señor es el*
*mismo. Y hay diversidad de actividades, pero Dios,*
*que hace todas las cosas en todos,*
*es el mismo. Pero a cada uno le es dada la*
*manifestación del Espíritu para el bien de todos.*

1 Corintios 12:4-7 nvr

Dios te otorgó un don además de tu salvación.

Se te ha concedido una capacidad espiritual, una bendición para contribuir al cuerpo de Cristo. Búscala. Descubre la dádiva hermosa de servicio que es exclusivamente tuya para dar.

## Apropiado para cada una

*Luego Dios le da el cuerpo nuevo*
*que él quiere que tenga.*
*De cada clase de semilla crece una planta diferente.*

1 Corintios 15:38 ntv

¿Manzana o pera? ¿Gruesa arriba, gruesa abajo o de figura delgada?

¡Las mujeres luchamos bajo estas vívidas ilustraciones de nuestros cuerpos! Y nos sentimos avergonzadas por nuestra forma de ADN, que no elegimos.

Amiga, no eres responsable de los huesos. Solo por la carne en ellos. La estructura básica fue elegida por Dios, y la semilla que es tu verdadera identidad es más importante de todos modos.

¡Ámala y procura aceptarla! ¡Embellece tu mundo!

## Plan maravilloso

*Pero al principio de la creación,*
*hombre y mujer los hizo Dios.*

MARCOS 10:6 RVR

La idea de dos géneros distintos y su relación entre sí es hermosa. Era idea de Dios.

Él diseñó a hombres y mujeres para que reflejaran su imagen gloriosa en su relación complementaria y de pacto.

Tú eres un ejemplo específico de este plan maravilloso.

Hoy, abraza tu hermosa feminidad y exprésala con gracia y completamente. Sé un modelo de la grandeza de Dios.

# Él cuenta cada uno de tus cabellos

*Y, en cuanto a ustedes,*
*cada cabello de su cabeza está contado.*

LUCAS 12:7 NTV

Cabello.

Lo que esa palabra representa a una mujer es difícil de entender. Está profundamente ligada a su identidad y a su belleza. Dios lo diseñó de esa manera. Sin embargo, el inventario con el que tenemos que trabajar es flexible, y Dios sabe el número exacto que tienes hoy. Él ve la hebra #3984 colgando y a punto de caer al suelo. Él es el dador y el guarda de tu cabello. ¡Y tú eres hermosa para Dios sin importar el número de cabellos que tengas hoy!

# Dedos conforme al diseño

*Tú creaste las delicadas partes internas de mi cuerpo y me entretejiste en el vientre de mi madre.*
SALMOS 139:13 NTV

Me pregunto a cuántas de nosotras nos gustan nuestros dedos de las manos y de los pies.

Personalmente, nunca me ha importado el mío. Yo quería dedos delgados y que son reducidos gradualmente de longitud. Por desgracia, no sería así. No obstante, nuestro Creador nos ha diseñado para cumplir su plan, y nos ha dado los dedos de las manos y de los pies para lograrlo.

Hoy, maravíllate con la función de los dedos de tu cuerpo, sin importar sus formas.

# Más que superficial

*Aconteció que cuando entró Abram en Egipto,
los egipcios vieron que la mujer
era muy hermosa.*
GÉNESIS 12:14 RVR

Sabemos que Sara era hermosa. Pero era una mujer hermosa que vivía en una tierra desértica, expuesta a un fuerte sol, fuertes vientos y un estilo de vida nómada. Y la piel no guarda secretos.

Hoy, Dios dice que eres hermosa a pesar de lo que tu piel dice a los demás. Él ve la belleza que es más profunda de la superficie de tu "piel". Dios ve el espíritu, que está guardado y que se mantiene joven para siempre por su gracia.

## La luz de tus ojos

*¡Qué hermosa eres, amada mía,*
*qué hermosa eres! ¡Tus ojos son como palomas!*
CANTARES 1:15 NTV
*Tu ojo es una lámpara que da luz a tu cuerpo.*
MATEO 6:22 NTV

Todos queremos tener ojos hermosos. Y no faltan los consejos sobre cómo hermosearlos al máximo. Pero, independientemente del color o tamaño o profundidad de tus ojos, son hermosos porque Dios los escogió para ti.

Ve a mirarte los ojos. Todo en ellos dice que Dios te diseñó específicamente para su gloria. Deja que su luz hermosee tus ojos hoy.

# Discapacitada y hermosa

*¿Quién forma la boca de una persona? ¿Quién*
*decide que una persona hable o no hable, que oiga*
*o no oiga, que vea o no vea?*
*¿Acaso no soy yo, el Señor?*
ÉXODO 4:11 NTV

Parálisis cerebral. Ceguera. Sordera. Autismo.

Estas son solo algunas de las discapacidades que son parte de la historia humana, tal vez tú historia. Parte de tu belleza.

Pensamos en la belleza solo en términos clásicos, simétricos, esculpidos. Pero la belleza puede ser dolorosa, mal formada y accidental. Todo lo que el Creador ha permitido para acercarte a Él es considerada una belleza.

Hoy, permite que tus defectos se conviertan en una razón para gloriarte en su poder.

# Creada para ser creativa

*Telas hace y las vende;*
*entrega cintas al mercader.*
PROVERBIOS 31:24 RVA

La Biblia alaba tener un negocio en casa. La mujer en Proverbios 31 estaba definitivamente ocupada en el mantenimiento y la crianza de su hogar, pero también tenía algunos negocios. Uno de ellos consistía en crear hermosos atuendos para vender a los comerciantes para sus tiendas.

Usar tus talentos dados por Dios como una inversión o para ayudar a suplir las necesidades de tu familia puede ser una bendición.

La belleza es usar creativamente tus dones para el bien.

# Hecha para ser diligente

*Considera la marcha de su casa
y no come pan de ociosidad.*
PROVERBIOS 31:27 RVR

Dios piensa que eres hermosa cuando estás cumpliendo tu papel. La pereza es una afrenta a la belleza; la diligencia es una señal del carácter interior, y es hermosa.

En el reino animal, la especie femenina a menudo trabaja para proveer para la comida de su familia. Muchas veces, la hembra es la cazadora. Rara vez se sienta ociosa.

Aunque no somos idénticos a los animales, estamos creados para velar por nuestros hogares. Hoy, sé diligente. Es una señal de belleza.

# HERMOSA POR NATURALEZA

## *Peculiarmente amorosa*

*Pues él sabe lo débiles que somos;*
*se acuerda de que somos tan solo polvo.*

SALMOS 103:14 NTV

Solo un puñado de polvo. Esa eres tú. Pero polvo hermoso, porque el Creador lo escogió, lo formó y sopló en él con su propio aliento.

El polvo tiene sus atributos humildes. Y tú tienes los tuyos. Tú familia, amigos y compañeros de trabajo los conocen bien, esas particularidades de tu personalidad que los hacen levantar una ceja o reprimir una risa.

Tal vez Él también sonríe, pero siempre con ojos de amor. Esas peculiaridades identifican nuestra belleza única.

# Los estados de ánimo no te definen

*Día y noche solo me alimento de lágrimas.*
SALMOS 42:3 NTV

¿Has experimentado eso?

Los estados de ánimo son parte de nuestra humanidad y, aún más específicamente, parte de nuestra feminidad. Tal vez tu estado de ánimo está basado hormonalmente, o tal vez es causado por tu dolor por un hijo pródigo, matrimonio en tensión, o una amistad quebrantada. Tal vez recientemente te mudaste o tuviste un diagnóstico negativo o has perdido un trabajo.

Recuerda que Él es también Dios de nuestros estados de ánimo, incluso cuando no los entendemos. Hoy, Dios ve la belleza en ti que los estados de ánimo pasajeros no pueden dañar.

# Rasgos del temperamento

*Te conocía aun antes de haberte formado*
*en el vientre de tu madre;*
*antes de que nacieras, te aparté*
*y te nombré mi profeta a las naciones.*
JEREMÍAS 1:5 NTV

¿A qué te ha llamado Dios?

Para Jeremías, era una proclamación profética, y Dios le dio el temperamento que necesitaba para cumplir esa misión.

¿Qué tipo de temperamento eres: sanguinario, colérico, melancólico, flemático? ¿Qué mezcla de rasgos innatos tienes para cumplir la obra vital a la que fuiste llamada?

Cualquiera que sea la respuesta, es parte de tu belleza... si lo entregas a Dios y está controlado por su Espíritu.

# Favoritos y admirables

*El hacer tu voluntad, Dios mío, me ha agradado.*

SALMOS 40:8 RVR

Cada una de nosotras tiene algunas cosas favoritas, para citar a la espléndida Julie Andrews. En lugar de las teteras de cobre brillante, la tuya podría estar centrada en los sabores de café, los zapatos y los perfumes. Tenemos restaurantes y eventos favoritos y vacaciones.

El salmista dijo que su deleite era una acción. En un contexto moderno, su deleite no era solo una foto de Instagram de la acción de otra persona; él se deleitaba en *hacer* la voluntad de Dios. Hoy, examina de nuevo la ley de Dios y luego ponlo en práctica. Deja que se convierta en tu nuevo favorito.

# ¡Celébrate!

*De lino fino y púrpura es su vestido.*
PROVERBIOS 31:22 RVR

Sí, amiga, tienes estilo. Tu propio estilo. La forma en que mezclas tus colores y patrones y tejidos y accesorios. Tú tienes una forma única de mostrar tu belleza.

Dios te la dio. Él puso en ti una marca que solo tú puedes expresarla. Por supuesto, eso no significa que Él recibe la gloria por la moda rara o el descuido, la suciedad o la seducción. Pero cuando atendemos bien nuestra belleza, Dios luce bien y nosotros también.

Hoy, celebra tu estilo honrándolo.

## Amor por la belleza

*Ella se hace tapices;*
*De lino fino y púrpura es su vestido.*
PROVERBIOS 31:22 RVR

No sabemos con certeza cuándo las mujeres empezaron a preocuparse por la ropa. Pero un anhelo de tener ropa bonita parece estar escrito en el ADN mismo de las mujeres.

La mujer que Dios alaba en Proverbios 31 viste ropa fina, bien hecha y del mejor color (el púrpura era un color de lujo en ese tiempo).

Dios quiere que seas hermosa cuidándote de la mejor manera que puedas. Honra su don de feminidad.

## Vestida esplendorosamente

*Fuerza y honor son su vestidura;*
*Y se ríe de lo por venir.*
PROVERBIOS 31:25 RVR

Hablando de ropa... la mujer hermosa de Dios tiene dos artículos en su ropero. Fuerza y honor. Estas son sus piezas básicas de vestuario, sus elementos esenciales. Puede que ella use otros accesorios, pero nunca está sin estos.

Estos artículos tienen origen en Dios. Él es la fuente de fortaleza y el camino al honor. Poner a Dios en primer lugar garantiza que estas piezas de ropa sean justo de tu tamaño.

Y te gozarás en el futuro porque los llevas puestos.

# El arte perdido

*La mujer agraciada tendrá honra.*
PROVERBIOS 11:16 RVR

El arte de la amabilidad se ha perdido un poco en la actualidad. Sabemos cómo ser sofisticadas (lo que solía llamarse "moda"), y algunas incluso anhelan el título inapropiado y seductor de "sensual". Pero ser amable no parece muy popular entre las mujeres de hoy en día. Podría ser apropiado para la reina de Inglaterra, pero definitivamente no para una jovencita que quiere tener belleza. ¿Cierto?

En realidad, no. Es una descripción para cualquier mujer, cada mujer; es la esencia de la feminidad refinada y el decoro. Necesitamos regresar a este arte.

## La belleza de ser conocida

*Porque él conoce los secretos del corazón.*
SALMOS 44:21 RVR

Todas las mujeres tienen secretos.

Eventos que nadie más presenció.

Sentimientos que nunca salen a la luz.

Cosas que solo ella conoce. . . y Dios.

Podemos anhelar en secreto tener un romance propio, un hijo o una figura hermosa. Puede que estemos ocultando la vergüenza por haber tenido una aventura o un aborto. Dios, el Padre, sabe. Y Él quiere que le confiemos nuestros secretos. Él quiere mostrarnos la belleza de ser conocida y amada y redimida por su gracia.

# Anhelos hermosos

*Deléitate en el Señor,*
*y él te concederá los deseos de tu corazón.*
SALMOS 37:4 NTV

¿Qué es lo que anhelas? Además de chocolate. O un par de zapatos nuevos.

Todos tenemos anhelos, cosas que a menudo son muy personales para expresar.

Nuestro Padre celestial nos dice que le presentemos nuestros deseos. Pero primero, debemos deleitarnos en Él, encontrar en Él nuestro gozo más profundo. Entonces nuestros anhelos serán guiados por nuestro deseo de cumplir su voluntad en nosotros, y la belleza de eso no se puede comparar.

## Calmada, bella

*Busqué a Jehová, y él me oyó*
*y me libró de todos mis temores.*
SALMOS 34:4 RVR

Tus miedos te hacen única. Revelan lo que te asusta y muestran la forma de tu personalidad. La forma en que tu mente funciona se evidencia claramente a través de tus ansiedades.

Tus miedos no asustan al Maestro. Él puede manejarlos. Él puede aliviar y calmar tu espíritu. Él ve la belleza dentro de ti y quiere exhibirla.

Deja tus temores ante Él. Tú puedes ser liberada.

# Deshazte del cerdo

*Una mujer hermosa sin discreción*
*es como un anillo de oro en el hocico de un cerdo.*
PROVERBIOS 11:22 NTV

Si esto es cierto (y la Biblia siempre lo es), hay muchas mujeres hermosas en nuestro mundo hoy que presentan una imagen tan desagradable como la de un cerdo con joyas. Los dos no concuerdan.

Hoy, Dios quiere que sepas que puedes tener belleza y discreción. Tú puedes poseer belleza y también saber cómo usarla bien. Puedes ser agradable para mirar y no ser malo para la conciencia.

Deshazte del cerdo. Sé atractivamente muy discreta.

## Sé una corona

*Una esposa digna es una corona para su marido,*
*pero la desvergonzada es como cáncer a sus huesos.*
PROVERBIOS 12:4 NTV

Las esposas pueden ser coronas, y ellas pueden ser cánceres. Ellas pueden traer un honor sobresaliente a los hombres con los que están casadas o suprimir su hombría.

Incluso si no estás casada, puedes ser una mujer de carácter hermoso, una mujer que posee la belleza interior para coronar a otra persona con gloria.

Dios quiere usarte para que brilles por Él. Empieza hoy.

## Constructoras hermosas

*La mujer sabia edifica su hogar,*
*pero la necia con sus propias manos lo destruye.*
PROVERBIOS 14:1 RVR

Muchas de nosotras conocemos la parábola que Jesús habló sobre el hombre sabio y el hombre necio. Entonamos la canción de la escuela dominical sobre la casa que se construye sobre la roca o sobre la arena. Pero, ¿sabías que también hay mujeres sabias y necias?

Estas mujeres construyen o derriban sus hogares con sus propias manos. A través de la actitud, las palabras, las decisiones y las prioridades, una mujer puede demostrar si es una constructora o una derribadora.

¿Cuál eres tú?

## Belleza pasada y presente

*Pero María guardaba todas estas cosas en el corazón*
*y pensaba en ellas con frecuencia.*

Lucas 2:19 NTV

Cada recuerdo que tienes está matizado por tu percepción, tu emoción, tu punto de vista. Tus recuerdos, en gran medida, eres tú. Las mujeres atesoramos recuerdos de días especiales, eventos y emociones.

Hoy, Dios quiere que sepas que eres tan hermosa para él como en ese día de hace mucho tiempo cuando tu cabello estaba peinado elegantemente y vestías como una princesa. Anhelas tener la belleza pasada, pero la realidad es que para Él, siempre eres encantadora.

## HERMOSA POR EXPERIENCIA

*Transiciones para un propósito*

*Todo tiene su tiempo, y todo lo que se hace debajo del cielo tiene su hora.*

ECLESIASTÉS 3:1 RVR

"Nada perdura, excepto el cambio", dice el viejo refrán. Y parece verdad. Nada dura para siempre. La ropa se desgasta, los barrios se deterioran, los cuerpos envejecen, los niños crecen, los cónyuges mueren, la tierra y las personas siempre están cambiando. Este es el orden de la vida en la tierra.

Hoy, Dios quiere que veas que Él está usando estas mareas cambiantes para darte más belleza, para desarrollarte para cumplir su plan.

## Elecciones de la infancia

*Cuando yo era niño, hablaba, pensaba*
*y razonaba como un niño;*
*pero cuando crecí, dejé atrás las cosas de niño.*

1 Corintios 13:11 NTV

Las experiencias y los eventos de la infancia dan forma a los adultos que somos hoy en día. Algunos tuvieron una infancia placentera; pero muchos no la tuvieron. Sea cual sea tu pasado, Dios lo usará para crear belleza en ti si le das permiso para refinarla con su gracia. Usa tu madurez para desechar la autocompasión y toma la decisión de dejar que comience la sanidad.

## Aprendizaje para toda la vida

*Lleven mi yugo sobre ustedes, y aprendan de mí.*
MATEO 11:29 RVR

Paredes de azulejos. Armarios metálicos. Campanas fuertes. Escritorios de un solo brazo.

¿Recuerdas tus días de escuela? ¿Qué aprendiste?

Con suerte, todavía te estás beneficiando de los días que pasaste en una sala de clase. Cada una de ellas es una pincelada en el lienzo de tu vida, una contribución al interior de tu ser. Ahora estás en la escuela de la gracia de Dios. Él invita a sintonizarte con Él y a que aprendas a hacer las cosas a su manera.

Ese es el camino a una vida hermosa.

# Imperfecciones más allá de la superficie

*No te acuerdes de los pecados de
mi juventud ni de mis rebeliones.
Conforme a tu misericordia
acuérdate de mí, por tu bondad, oh Señor.*

Salmos 25:7 RVA

Muchos de los eventos y las decisiones que lamentamos ocurren en nuestros años de adolescencia. Con la fluctuación hormonal, emocional y física que es el sello distintivo de la pubertad viene una oportunidad abierta para tomar decisiones a nivel personal desastrosas.

Tal vez por eso el salmista estaba ansioso para que el Señor olvidara (redimiera y desechara) sus indiscreciones de juventud hasta que solo se viera la belleza de esos años.

La hermosura de un pasado perdonado también puede ser tuya hoy.

## Atracciones intensas

*Eres hermosa, amada mía;*
*tan hermosa que no puedo expresarlo.*

CANTARES 4:1 NTV

"¡Estoy enamorada de ti!"

No muchas de nosotras expresamos esas palabras al hombre con el que soñamos, pero difícilmente no hay una de nosotras que no haya experimentado la adrenalina fuerte, las mejillas enrojecidas y los latidos erráticos del corazón que acompañan a un enamoramiento. Esos sentimientos, de una manera pequeña, reflejan el corazón de una mujer, nuestros anhelos de un gran romance.

Hoy, Dios quiere que sepas que Él es el anhelo tras cada enamoramiento que has tenido, y eso te hace hermosa ante Él.

## Él realmente te ve

*Dios ha dicho: «Nunca te dejaré;*
*jamás te abandonaré».*
HEBREOS 13:5 NVI

El rechazo es difícil.

Si te han rechazado después de las pruebas en un equipo deportivo, en las audiciones musicales, presentaciones de escritura creativa, solicitudes universitarias o entrevistas de trabajo, ya conoces el dolor.

Los rechazos a nivel personal duelen aún más: tu madre no te quería; tu novio encontró a otra; tu marido te reemplazó con otra mujer en su corazón; tu hijo no quiere compartir contigo. Estos rechazos golpean el corazón de nuestra feminidad.

Pero Dios ve en ti una belleza que los rechazos tontos de los demás no pueden disminuirla.

# Cualquiera sea tu currículo

*Todo lo que hagas, hazlo bien, pues cuando
vayas a la tumba no habrá trabajo ni
proyectos ni conocimiento ni sabiduría.*

ECLESIASTÉS 9:10 NTV

Los trabajos van y vienen. Tenemos una variedad de trabajos a lo largo de nuestra vida. De algunos recibimos un cheque de pago; de otros, como la extraordinaria tarea de criar niños, no nos pagan.

Cada trabajo que has tenido se convierte en parte de tu belleza cuando ha pasado por la sangre purificadora de Jesús en ese momento de salvación. Puedes olvidar la vergüenza y procurar retener solo las lecciones de una vida que se encuentra en Él.

Tu currículo: ¡Está embellecido!

## Viajes

*Dominará de mar a mar,*
*Y desde el río hasta los confines de la tierra.*
SALMOS 72:8 RVR

¡Empaca tu maleta y vete!

Hay entusiasmo en ver nuevos lugares, comer diferentes alimentos, y caminar por senderos desconocidos. A las que nos gusta recorrer un poco podemos estar seguras de que la magnificencia de cada lugar exótico en la tierra es solo una sombra, en comparación con la belleza que nuestro Dios formó en la esencia misma de lo que somos.

Ya sea que estés sentada en un avión o junto a tu propia chimenea, medita en eso ahora mismo.

### Maternidad encantadora

*Como un pastor apacentará su rebaño; en su brazo*
*recogerá los corderos, y en su seno los llevará; y*
*pastoreará suavemente a las que amamantan.*
Isaías 40:11 RVR

Dios cree en la maternidad. Él creó mujeres, inventó el proceso de la procreación y el nacimiento, y envió a su propio Hijo para ser concebido en un vientre materno en la tierra.

Dios afirma las emociones de la maternidad; Él se deleita en la belleza de la maternidad. Y guía suavemente a las que están cuidando a sus hijos.

Hoy, Dios quiere que sepas que la maternidad luce muy bien en ti.

## No importa la edad

*El encanto es engañoso, y la belleza no perdura,*
*pero la mujer que teme al Señor*
*será sumamente alabada.*

Proverbios 31:30 ntv

Se supone que el envejecimiento no sea hermoso. Es, después de todo, un desvanecimiento de nuestra vitalidad y tersura, una disminución en color y más flacidez. Ninguna mujer anhela una piel así.

La Palabra de Dios dice que la belleza física terrenal no es duradera. Debemos establecer nuestra identidad, no en cómo nos vemos, sino en quién es Él en nosotros.

Y los ojos de Dios ven tu esencia de todos modos, independientemente de la piel.

## Tu día especial

*Vale más una buena reputación*
*que un perfume costoso.*
*Y el día que morimos es mejor*
*que el día que nacemos.*
ECLESIASTÉS 7:1 NTV

Los cumpleaños nos recuerdan que la vida es una línea en movimiento, un continuo. No estamos detenidas aquí. Los cumpleaños indican que hemos pasado por otro ciclo anual de estaciones: primavera, verano, otoño e invierno. Los cumpleaños son una celebración de un día que está determinado por los otros 364 días. Los cumpleaños nos recuerdan que la vida tarda un tiempo.

Y cada día que marcamos el calendario nos hace un poco más hermosas en Dios.

## Proceso sin fin

*Estando convencido de esto: que el
que en ustedes comenzó la buena obra,
la perfeccionará hasta el día de Cristo Jesús.*

FILIPENSES 1:6 RVA

El proceso de cultivo incluye etapas incómodas, ya sea en plantas, animales o humanos. Los brotes verdes frágiles apenas tienen los abundantes contornos de las verduras maduras; la pupa espinosa y las larvas diminutas no se parecen a su destino adulto, y las cabezas de gran tamaño y las piernas gordas de los niños pequeños son lindas pero no esbeltas.

La madurez de la mujer, como otros crecimientos, es un proceso. Dios comenzó ese proceso en ti cuando fuiste concebida y la continuará hasta el día de hoy.

## Cada día

*Mientras la tierra permanezca,*
*habrá cultivos y cosechas,*
*frío y calor, verano e invierno, día y noche.*

GÉNESIS 8:22 NTV

¿Tienes una estación favorita?

Hoy, sea cual sea la estación del año, Dios piensa en ti. En primavera, le gusta verte en tonos pasteles. En el verano, se deleita en tu gozo de andar descalza. En el otoño, te mira con amor al vestir tu suéter y bufanda. Y en invierno, sonríe a los cristales de hielo en tu cabello.

Cada día del año, tú eres la amada de Dios.

## Feriados

*Una fiesta da alegría.*
ECLESIASTÉS 10:19 NTV

Si te gustan los días feriados, no eres la única. La mayoría de nosotros disfrutamos de algo sobre los feriados, ya sea solo el descanso del trabajo o el tiempo y la comida con la familia o la importancia del día en sí. Los feriados parecen un poco más alegres que el día promedio. Pero en lo que a ti respecta, Dios no da más énfasis a un día festivo que a un lunes. Él celebra la maravilla de tu vida todos los días.

# Días de lluvia

*Con su lluvia cubre toda la tierra;*
*con el agua empapa los campos.*
JOB 5:10 RVC

Karen Carpenter cantaba: "Los días lluviosos y los lunes siempre me desaniman".

Tal vez te sientas así. Tal vez el cielo gris y los charcos te hacen sentir triste. O tal vez disfrutas de un buen día lluvioso de vez en cuando, disfrutando de un tazón de sopa y la lectura de un libro favorito. Dios sabe cuál es tu tendencia. Y Él quiere ser parte de cada día lluvioso que tengas. Confía en Dios cuando las nubes empiecen a moverse. Él sigue cuidando de ti.

# HERMOSA A TRAVÉS DE LA REDENCIÓN

## *Belleza santa*

*Lo hizo para presentársela a sí mismo
como una iglesia gloriosa,
sin mancha ni arruga ni ningún otro defecto.
Será, en cambio, santa e intachable.*

Efesios 5:27 ntv

Cristo murió para hacer santa a la Iglesia, su novia. Él mismo hizo por ella lo que ella no podía hacer por sí misma.

Si le has entregado tu corazón, eres más que parte de la novia del cuerpo de Cristo; eres una persona, amada por Él, hecha hermosa mediante su sacrificio en la cruz.

Ningún precio era muy alto para asegurar tu belleza santa.

# Completamente, de adentro para afuera

*Porque la Palabra de Dios es viva y eficaz,*
*y más penetrante que toda espada de dos filos.*
*Penetra hasta partir el alma y el espíritu,*
*las coyunturas y los tuétanos,*
*y discierne los pensamientos y las*
*intenciones del corazón.*

HEBREOS 4:12 RVR

¿Alguna vez has estado cerca de una mujer que era hermosa para ti hasta que descubriste sus motivos? Alguien con rasgos hermosos puede ser impulsada por deseos horribles, egoístas y planeados.

Dios quiere que seamos agradables completamente, de adentro para afuera. Él nos ha dado su Palabra para mostrarnos dónde necesitamos su poder para hacernos así.

## Creadas para reflejar su gloria

*Llenos del fruto de justicia,*
*fruto que viene por medio de Jesucristo,*
*para gloria y alabanza de Dios.*
FILIPENSES 1:11 RVA

Dios no quiere que seas una belleza vacía.

Él no se deleita en una vasija hermosa pero estéril. Fuiste creada para reflejar su justicia y su gloria. El pecado nos corrompió y nos hizo no aptos para Él. Pero mediante la redención que Cristo ofrece, ahora es posible tener su propia vida en nosotros. Ese es el tratamiento de belleza definitivo. Dios ofrece esa vida para ti.

# Como una princesa protegida

*Reservada en los cielos para
ustedes, que son guardados
por el poder de Dios mediante
la fe para la salvación.*
1 Pedro 1:4-5 RVA

Una tendencia en la decoración se refiere al cuarto principal en una casa como la "sala de mantenimiento". El término se remonta a la época colonial, refiriéndose a una gran sala multiuso unida al área de la cocina.

Dios te tiene en una "sala de mantenimiento". Si le perteneces, estás rodeada de su poder y protegida de cualquier cosa fuera de su voluntad para ti. Él te tiene en la palma de su mano. Como una princesa protegida por un caballero, estás a salvo.

## Él sostiene el espejo

*Y esto eran algunos de ustedes,*
*pero ya han sido lavados,*
*pero ya son santificados, pero*
*ya han sido justificados*
*en el nombre del Señor Jesucristo*
*y en el Espíritu de nuestro Dios.*
1 Corintios 6:11 RVA

Las que pertenecen a Cristo han sido cambiadas. Tal vez en el pasado has tenido puntos de vista poco saludables de tu identidad y tu necesidad de atraer los ojos y deseos de los hombres. Pero cuando Cristo sostiene el espejo por nosotras, podemos mirar en él y ver la verdad de que hemos sido cambiadas. Su amor y aprobación son ahora el modelo para nuestra belleza.

## Hermosa como Sion

*Desde Sion, perfección de la hermosura,*
*Dios ha resplandecido.*
Salmos 50:2 rva
*Como una deleitosa pradera es la hija de Sion.*
Jeremías 6:2 rva

Sion es el símbolo de la presencia de Dios, su morada. La "hija de Sion" es un nombre bíblico para Jerusalén, la Ciudad Santa.

Dios eligió especificar estos lugares sagrados usando la idea de la belleza. Nuestro Dios creó y bendice el concepto de belleza santa. Tú fuiste creada para reflejar la belleza santa.

Hoy, elige dejar que la santidad de Dios ilumine tu vida y te haga hermosa.

# Justificada y en paz

*Justificados, pues, por la fe tenemos paz
para con Dios por medio de
nuestro Señor Jesucristo.*

ROMANOS 5:1 RVA

La belleza por sí misma no trae paz. La belleza es una fuente de estrés y envidia, de búsqueda sin fin. Siempre hay una nueva dieta para probar o programa de preparación física para seguir. No hay fin a las opciones de los cosméticos, los productos para el teñido del cabello y el cuidado de la piel, las cirugías de mejoras y estiramiento facial. Las opciones nunca terminan.

Debemos considerar nuestra belleza dada por Dios con el conocimiento de que está siendo justificada por la fe que nos da paz. Y las opciones ya no pueden marearnos.

# Bella y apartada

*Así que, si alguno se limpia de estas cosas será
un vaso para honra, consagrado y útil para el
Señor, preparado para toda buena obra.*

2 Timoteo 2:21 rva

Ser santificada es ser apartada, preparada para un propósito sagrado. Dios no solo quiere justificarnos, perdonar nuestros pecados, sino también santificarnos, hacernos santas y preparadas para su uso.

Gran parte de la belleza en nuestro mundo de hoy es egocéntrica y auto-gratificante. Nosotras debemos ser diferentes.

Hoy, entrega tu belleza a Dios y descubre el gozo de ser apartada, santificada.

# HERMOSA A TRAVÉS DE LA GRACIA

## Adrenalina santa

*Por el gran poder de Dios cobrarán nuevas fuerzas,*
*y podrán soportar con paciencia*
*todas las dificultades. Así, con gran alegría.*

COLOSENSES 1:11 TLA

Dios que vive en nosotros a través de su Espíritu Santo nos da poder, una especie de adrenalina santa. Puede que seas una mujer soltera. Es posible que hayas perdido a tu cónyuge. Puede que estás rodeada de hijos y sus necesidades. Puede que estés en un matrimonio difícil. Cualquiera que sea el lugar de tu circunstancia, Dios te ha prometido los recursos a través de su gracia para vivir allí.

## Apoyo cuando lo necesites

*Echa tu carga sobre el Señor,*
*y él te sostendrá.*
Salmos 55:22 rva

¡A veces las mujeres solo necesitamos un poco de apoyo!

La vida tiene muchos detalles que manejar y personas que atender. Como mujeres de Dios con multitareas en la familia, somos bastante buenas haciendo malabares con los horarios y las comidas, los mandados y las citas. Pero también tenemos cargas. Y es difícil deleitarnos con la belleza de la vida si estamos abrumadas con las cosas. Entonces el Padre nos dice que le dejemos ayudarnos a llevar la carga.

Hoy, Él quiere que sepamos que no estamos solas.

## No un sentimiento frágil

*Les dejo un regalo: paz en la mente y en el corazón. Y la paz que yo doy es un regalo que el mundo no puede dar. Así que no se angustien ni tengan miedo.*
JUAN 14:27 NTV

La feminidad es una misión. Estás llamada a vivir en esta tierra como portadora femenina de la imagen de Dios, a relacionarte con los demás y a glorificar a Dios a través de esa imagen. Él te ha dado belleza personal y una perspectiva de mujer, así como el maravilloso tesoro de su paz, no un sentimiento frágil, sino una seguridad estable y solidaria que te ayudará y te mantendrá.

# Atractivamente abiertas

*El hombre bueno, del buen tesoro de su corazón presenta lo bueno; y el hombre malo, del mal tesoro de su corazón presenta lo malo. Porque de la abundancia del corazón habla la boca.*

LUCAS 6:45 RVA

La gracia de Dios que opera en nosotras nos da la fuerza para ser vulnerables y abiertas, para compartir el "tesoro" adentro, nuestra belleza interior, pensamientos, sueños y anhelos. Satanás quiere confinar nuestra belleza, para mantenernos encerradas y temerosas, amargadas y cínicas. Pero Cristo venció a Satanás y nos da la gracia de estar atractivamente abiertas, reflejando a Él.

# Rechaza ser consentida

*No hagan nada por orgullo o solo por pelear.*
*Al contrario, hagan todo con humildad, y vean*
*a los demás como mejores a ustedes mismos.*

FILIPENSES 2:3 TLA

Conoces la historia de la princesa mimada y consentida, ¿cierto?

Bueno, tal vez Disney nunca hizo una película sobre ella, pero ciertamente existe la tentación de asumir ese personaje. La belleza que enfoca en sí misma se vuelve amarga. Se convierte en fealdad.

Hoy, Dios quiere que sepas que tu belleza está destinada a ser desinteresada. Él te dio su gracia; tú debes compartirla con otros.

# El mejor secreto de belleza

*Asimismo ustedes, jóvenes, estén*
*sujetos a los ancianos*
*y revístanse todos de humildad*
*unos para con otros porque:*
*Dios resiste a los soberbios pero*
*da gracia a los humildes.*

1 PEDRO 5:5 RVA

"Si lo tienes, jáctate de ello".

Esa es la filosofía de la cultura que nos rodea. Se nos anima a utilizar nuestra belleza para ganancia propia, para llamar la atención sobre nosotras mismas para nuestra indulgencia.

Dios dice que nos revistamos, no con nuestro propio orgullo, sino con humildad. Esta actitud viene de su gracia interior, el mejor secreto de belleza que hay.

## Enfocada en la gratitud

*Denle gracias; bendigan su nombre.*
SALMOS 100:4 RVA

Uno de los espíritus más bellos es la gratitud.

A veces es difícil mostrar gratitud cuando no estás contenta con tus rasgos o tu guardarropa o la talla de tu zapato o muchos otros aspectos sobre la apariencia.

Pero estar agradecida por los rasgos que hoy disfrutas te hará aún más hermosa. Como dice la vieja canción "enfatiza lo positivo". Para una mujer cristiana como tú, eso significa enfocarse en los buenos rasgos que Dios te ha dado.

# Acepta el tiempo de Dios

*Sométanse, pues, a Dios.*
SANTIAGO 4:7 RVA

Amy Carmichael, una mujer que luchó contra el tráfico sexual hace muchos años en el país de la India, dijo: "En la sumisión se encuentra la paz".

Ciertamente ella tuvo muchas oportunidades de probar esta teoría. Una mujer soltera en una tierra extranjera, líder de un gran ministerio, y luchando contra enfermedades crónicas en sus últimos años, Amy demostró el valor del sometimiento en su vida. Ella nos dejó su sabiduría en poemas y prosa.

¿Qué necesitas someter a Dios hoy? Acepta su voluntad; confía en Dios para hacer tu vida hermosa en su tiempo.

# Empoderada para amar

*La profecía, el hablar en idiomas desconocidos,*
*y el conocimiento especial se volverán inútiles.*
*¡Pero el amor durará para siempre!*
1 Corintios 13:8 ntv

El amor es quizás la virtud cristiana más refutada hoy, pero no es ante todo una emoción; es una acción.

El amor surge de la elección de buscar el bien de otro, de ser bondadosas, de mostrar misericordia y de no esperar nada a cambio.

Nosotras, como mujeres que conocemos a Cristo, debemos ser ejemplos de amor en nuestra vida diaria. Podemos hacer esto al afirmar a las demás. Dando un cumplido o halago a alguien hoy. Eso es muy amable.

# HERMOSA A TRAVÉS DE LA ORACIÓN

## Mejor que el spa

*Bienaventurados los que guardan sus testimonios
y con todo el corazón le buscan.*
SALMOS 119:2 RVA

Hoy, Dios quiere que lo veas con todo tu corazón. Dios quiere que sepas que estar en relación con Él es la única manera de darte cuenta plenamente de tu belleza personal. Tal vez busques muchas cosas, pero solo una búsqueda continua de Dios, su persona y su guía en tu vida realmente te hará una persona más completa.

Hablar a Dios todos los días es la manera de buscarlo.

La oración es mejor que el spa.

## Sus susurros a ti

*Permite que mi oración llegue a tu presencia;*
*¡inclina tu oído a mi clamor!*
S<small>ALMOS</small> 88:2 <small>RVC</small>

Dios te conoce como ningún otro. Él se deleita en ti como una persona única, creada a su imagen y para un propósito específico y glorioso. Tú no eres una combinación casual de piel, huesos y sangre. Tú eres una obra maestra. Tu complejidad evidencia la magnificencia del Todopoderoso. Entenderás más plenamente a medida que tomes el tiempo para comunicarte con Dios todos los días.

Hoy, Dios quiere susurrar a tus oídos lo especial que eres.

# La oración como una rutina de belleza

*Me mostrarás la senda de la vida.*
*En tu presencia hay plenitud de gozo.*
SALMOS 16:11 RVA

El mejor momento del día es tu rutina de belleza. No ponerte tus cosméticos, sino pasar tiempo en la presencia de Dios. Hablar con el Señor trae perspectiva como ninguna otra. Estar en su presencia da gozo, que siempre embellece.

¿Quieres tener ojos grandes y hermosos? Pídele que los amplíe con puro deleite en su mundo de hoy.

¿Cansada de las arrugas? Preocúpate menos; confía más.

Refleja su gloria dondequiera que vayas.

Esta es la forma en que Dios embellece a su amada.

## La oración refleja resplandor

*Cuando Moisés descendió del monte Sinaí con las dos tablas de piedra grabadas con las condiciones del pacto, no se daba cuenta de que su rostro resplandecía porque había hablado con el Señor.*

Éxodo 34:29 NTV

Cada mujer quiere que su rostro tenga esa luminosidad radiante y saludable. Ningún cosmético puede producirla como el tiempo que se pasa con Dios.

Moisés tuvo que llevar velo porque su rostro era tan brillante. El tuyo probablemente no será así, pero si dedicas espacio en tu día para hablar con Dios, tendrás un resplandor que otros notarán.

## El espejo correcto

*Pero quien se fija atentamente en la*
*ley perfecta que da libertad,*
*y persevera en ella, no olvidando lo que ha oído,*
*sino haciéndolo, recibirá bendición al practicarla.*

Santiago 1:25 NVI

Las mujeres tienen una relación de amor-odio con los espejos.

El espejo más importante es la Palabra de Dios. La Palabra nos muestra quiénes somos realmente y qué tenemos que hacer para realzar la belleza de nuestra alma. Dios quiere que cambies tu espejo por el suyo; su espejo habla la verdad.

# HERMOSA A TRAVÉS DEL DOLOR

## Sufriendo por ser hermosa

*Desde luego que ningún castigo
nos gusta en el momento de
recibirlo, pues nos duele.
Pero si aprendemos la lección
que Dios nos quiere dar,
viviremos en paz y haremos el bien.*

HEBREOS 12:11 TLA

"Tienes que sufrir para ser hermosa".

Mi mamá solía decirme estas palabras cuando yo, de niña, protestaba por sus esfuerzos por arreglarme el pelo. La rutina de belleza que Dios crea para nosotras también implica algo de dolor. Pero tiene una gran recompensa. Permite que funcione para ti.

# Prioridad a pesar del dolor

*Y he aquí una mujer que tenía*
*espíritu de enfermedad*
*desde hacía dieciocho años andaba encorvada*
*y de ninguna manera se podía enderezar.*
*Cuando Jesús la vio, la llamó y le dijo:*
*—Mujer, quedas libre de tu enfermedad.*
*Puso las manos sobre ella, y*
*al instante se enderezó y glorificaba a Dios.*
Lucas 13:11-13 RVA

Suena a osteoporosis. Pero esta mujer, aunque no había caminado recta durante dieciocho años, todavía venía a adorar, todavía daba prioridad a Dios en su vida.

Da prioridad a Dios a pesar de tu dolor.

# Dar a luz es hermoso

*Será como una mujer que sufre dolores de parto,*
*pero cuando nace su hijo, su angustia*
*se transforma en alegría,*
*porque ha traído una nueva vida al mundo.*

JUAN 16:21 NTV

El nacimiento es hermoso, aunque las mujeres realmente se esfuerzan arduamente en el proceso. Dar a luz a un hijo es un asunto sudoroso, sangriento y tenso. Por no hablar de doloroso.

Pero cuando el bebé nace, mojado y llorón, la madre comienza a olvidar el pavor y el trauma del arduo parto. Ella ha dado vida a un niño. Y es hermoso.

Tú puedes hacer cosas difíciles de manera extraordinaria.

# De estéril a hermosa

*A la mujer sin hijos le da una familia
y la transforma en una madre feliz.
¡Alabado sea el Señor!*
SALMOS 113:9 NTV

La esterilidad en los días bíblicos era una sentencia de por vida de humillación y posiblemente pobreza. Una mujer sin hijos era digna de compasión, y la gente a menudo se preguntaba si Dios la juzgaba por algún pecado secreto.

De manera que cuando una mujer en la Biblia se regocijaba por el nacimiento de un hijo, en realidad ella estaba expresando profunda gratitud por la provisión de Dios en muchas áreas. Este salmo declara que Dios es tan poderoso que puede hacer que incluso una mujer estéril dé a luz. ¡Qué hermosa declaración de poder!

## Solo para mujeres

*En esto, una mujer que hacía doce años que padecía
de hemorragias se le acercó por detrás y
le tocó el borde del manto.
Pensaba: «Si al menos logro tocar
su manto, quedaré sana».
Jesús se dio vuelta, la vio y le dijo:
—¡Ánimo, hija! Tu fe te ha sanado.
Y la mujer quedó sana en aquel momento.*

MATEO 9:20-22 NVI

En esa cultura y debido a las costumbres sociales
relacionadas con la purificación bajo la ley mosaica,
una mujer con un trastorno menstrual era socialmente
inaceptable. Cualquiera que la tocara quedaba inmundo.
Sin embargo, esta mujer se arriesgó para tocar a Jesús.
Y Él la sanó.

# No estás abandonada

*Entonces todos los suyos lo abandonaron y huyeron.*
MARCOS 14:50 RVA

¿Te sientes sola?

Jesús también se sintió solo. Sus mejores amigos le abandonaron en la peor noche de su vida. Tal vez has estado allí. El dolor de la soledad es uno que la mayoría de nosotras hemos sentido.

Una ventaja de ser una de las personas "hermosas" es que los admiradores se sienten atraídos a ti; las multitudes quieren estar cerca de alguien que lo tiene todo. Pero Dios quiere que sepas que tu nivel de popularidad no es un factor para Él. Y la belleza de tu sonrisa siempre lo atrae a ti.

## No compares; conténtate

*Pero ellos, midiéndose y
comparándose consigo mismos,
no son juiciosos.*
2 Corintios 10:12 rva

Qué astuto de Satanás para hacernos pensar que los concursos de belleza son divertidos y esplendidos cuando realmente nos hacen andar sin control por la envidia, el resentimiento y la depresión. Por lo menos, nos animan a enfocarnos en la belleza externa con excepción de la belleza interior.

Es imprudente comparar tu belleza con otra mujer que Dios creó. Él hizo su mejor obra contigo, como lo hizo con ella. Así que conténtate con celebrar tu lugar único en su corazón.

## Anhelo por sanidad

*Ten misericordia de mí, oh Señor,*
*porque desfallezco. Sáname, oh Señor.*
SALMOS 6:2 RVA

Nuestra cultura venera la salud y el estado físico. Las tendencias de comer orgánicos, tomar suplementos alimenticios y usar aceites esenciales y hierbas dan testimonio de nuestra fascinación por la salud natural.

Pero nuestra sociedad también está plagada de enfermedades del cuerpo y la mente. Tu belleza no depende de que estés ciento por ciento saludable. Tu belleza no es solo del cuerpo, sino sobre todo del alma. Ningún dolor que sientas puede hacer que desaparezca.

# Acondicionada a través de la malinterpretación

*Mis amigos íntimos me detestan;*
*los que yo amaba se han puesto en mi contra.*
JOB 19:19 NTV

Sí, amiga, a veces nos malinterpretan. Bastante. Y las personas rara vez nos dan crédito por nuestras intenciones.

Es difícil sentirse hermosa cuando te rechazan. Hoy, si esa eres tú, tienes que saber que Dios conoce toda la historia y quiere ser tu fortaleza a medida que descubres cómo hacer que las cosas vuelvan a la normalidad. El dolor de ser malinterpretada puede realmente producir belleza en ti; permite que Dios te muestre cómo producirla.

## Razones para alabar

*¿Por qué estoy desanimado?*
*¿Por qué está tan triste mi corazón?*
*¡Pondré mi esperanza en Dios!*
*Nuevamente lo alabaré,*
*¡mi Salvador y mi Dios!*
SALMOS 42:11 NTV

Ser bella no es inmunidad contra la depresión. De hecho, la belleza sin piedad podría ponerte en mayor peligro para esta enfermedad emocional.

Pero si conoces a Cristo como tu Salvador, tu belleza está protegida por su paz. Puedes esperar que Dios obre en tu vida, y tienes muchas razones para alabarlo.

## *No la imagen permanente*

*No ha hecho con nosotros conforme*
*a nuestras iniquidades*
*ni nos ha pagado conforme a nuestros pecados.*
*Pues como la altura de los cielos sobre la tierra,*
*así ha engrandecido su misericordia*
*sobre los que le temen.*
Salmos 103:1—11 rva

Eres hermosa en tu fracaso.

Sí, lo eres. La imagen de Dios en ti no se borra debido a tu pecado, aunque está dañada, manchada. Pero esa no tiene que ser la declaración permanente y determinante sobre ti. Permite que Dios restaure plenamente la belleza que aún Él ve en ti.

# Bella a través del quebrantamiento

*El Señor tu Dios está en medio de
ti: ¡Es poderoso; él salvará!
Con alegría se regocijará por causa
de ti. Te renovará en su amor;
por causa de ti se regocijará con cánticos.*

Sofonías 3:17 RVA

Eres hermosa para Dios solo porque él te hizo. Te inventó. Tuvo la idea de crearte.

No obstante, tú puedes elegir aceptar aún más belleza respondiendo a su llamada de salvación. Cuando dejes que Dios redima las áreas quebrantadas en ti, reflejarás su belleza aún más plenamente. Te renovará en su amor y se regocijará por ti.

# HERMOSA EN EL TRIUNFO

## *Bendecida por la Providencia*

*Entonces te regocijarás, tú con el levita y el forastero
que esté en medio de ti, por todo el bien que
el Señor tu Dios te haya dado a ti y a tu casa.*

DEUTERONOMIO 26:11 RVA

Eres hermosa cuando alabas a Dios por sus bendiciones sobre ti.

Como mujeres cristianas, no hacemos depósitos de acciones al azar. Afirmamos la providencia, la providencia divina. A veces Dios envía pruebas, pero cuando envía bendiciones, las aceptamos y celebramos con gozo.

Permite que la belleza de Cristo pueda verse en ti por la forma en que lo reconoces en tus buenas inversiones.

## Princesa guerrera victoriosa

*Bendito sea el SEÑOR, mi roca, quien adiestra
mis manos para la batalla y mis dedos para la guerra.*
SALMOS 144:1 RVA

Eres hermosa en la batalla, una batalla contra el enemigo, Satanás.

Sin duda, David, el rey guerrero, estaba hablando aquí sobre la batalla física real; él ganó muchas batallas. Pero podemos estar igual de seguras de que nuestro Rey celestial nos preparará para luchar contra las artimañas del diablo. Ningún dardo de fuego tiene que derribarnos. Él nos ha adiestrado bien.

Eres más hermosa, más victoriosa que Juana de Arco. Tú eres la princesa guerrera de Dios. Hoy, levántate firme.

# Un día casi perfecto

*¡Alégrense los cielos, y gócese
la tierra! ¡Ruja el mar y su plenitud!*
SALMOS 96:11 RVA

De vez en cuando, sucede. Te despiertas sintiéndote renovada y tu café es perfecto y tu vestimenta se ve tan bien y llegas al trabajo con poco tráfico, o los niños se levantan sin causar problemas y te acuerdas de sacar la carne del congelador e incluso encuentras un billete de cinco dólares en tu bolsillo. Un día muy bueno.

Celebra este hermoso día de parte de Dios. Y deja que el mundo cante contigo.

## Las buenas nuevas

*De parte del Señor es esto;*
*es una maravilla a nuestros ojos.*
Salmos 118:23 RVA

¡La prueba fue negativa! Dios contestó tu oración.

Si alguna vez has esperado los resultados de una prueba médica, sabes la ansiedad que produce en ti. Parece que el mundo entero está paralizado, todo en tu vida está en alerta, conteniendo la respiración.

Es hermoso captar la misericordia de Dios al permitirte escapar de una enfermedad o diagnóstico terminal. Deja que eso penetre en tu corazón y transforme tu perspectiva.

# HERMOSA EN EL SACRIFICIO

## Guardando silencio

*Pon, oh Señor, guardia a mi boca;*
*guarda la puerta de mis labios.*

SALMOS 141:3 RVA

Eres hermosa cuando estás en silencio. Y eres hermosa cuando hablas. Saber cuándo hablar y cuándo no hablar es muy importante. Eclesiastés 3 dice que hay un tiempo para guardar silencio. Si es tu tiempo de hacer eso, entonces estar en silencio es lo correcto en este momento. El Espíritu Santo que vive en nosotras nos impulsa cuando no debemos hablar. Nunca lo ignores.

La restricción de cualquier tipo es un sacrificio de acción. Pero por lo general te hace más hermosa.

## Soportando el insulto

*Dios bendice a los que,*
*por ser fieles a él, sufren injustamente*
*y soportan el sufrimiento.*
1 PEDRO 2:19 TLA

Se nos enseña a valorar la justicia en los Estados Unidos de América. Y a defendernos por nosotras mismas. Y a poner límites personales para protegernos de la explotación.

Dios quiere que usemos buenas habilidades de relaciones. Pero hay momentos en que lo más piadoso y lo más hermoso que puedes hacer es soportar un insulto con un espíritu dulce, no tratando de corregirlo, sino ignorándolo.

Dios lleva excelentes registros. Todo será corregido algún día.

## Bella por abstenerte de excesos

*Más bien, pongo mi cuerpo bajo disciplina
y lo hago obedecer; no sea que, después
de haber predicado a otros,
yo mismo venga a ser descalificado.*

1 Corintios 9:27 rva

La mayoría de nosotros tenemos más que suficiente. Puedes mostrar una belleza poco común al abstenerte de excesos. Puedes dárselo a otra persona. Puedes privarte de algo de complacencia solo por el bien de la disciplina de la moderación.

Más que renunciar a algo como los dulces durante unas semanas, puedes practicar una vida de cambiar esos deseos que tienden a ser desenfrenados si los permites. Y al cambiarlos, ganarás aún más belleza.

## Tiempo para otros

*Sin embargo, de muy buena gana*
*gastaré yo de lo mío,*
*y me desgastaré a mí mismo por sus almas.*
2 Corintios 12:5 rva

Es algo hermoso dar tus propios recursos para otros.

El tiempo es un recurso precioso para todos nosotros. Elegir enfocarse en las necesidades de otra persona es un regalo encantador. El apóstol Pablo estaba hablando en un sentido espiritual en este versículo, pero el principio dice que el amor está dispuesto a gastarse.

¿A quién, para quién, estás dispuesto a gastar tu tiempo?

# HERMOSA EN LA SUMISIÓN

## Rutina de belleza rendida

*Porque habéis sido comprados por precio;*
*glorificad, pues, a Dios en vuestro cuerpo*
*y en vuestro espíritu, los cuales son de Dios.*
1 CORINTIOS 6:20 RVR

Rinde tu rutina de belleza a Dios.

Sí, eso importa a Dios. Lo que llevas puesto. Cómo te peinas el cabello. Cómo adornas tu cuerpo. Le importa porque, si has confiado en Dios para la salvación, le perteneces, y tu cuerpo es su templo. Tu cuerpo también es un testimonio a otros acerca de quién está a cargo de tu vida.

Así que pregunta a Dios cómo él quiere que te veas. Practica la hermosa gracia de ser sumisa ante Dios.

# Suena los sueños de Dios

*No obstante, cada uno tiene de Dios su propio don:
este posee uno; aquel, otro.*

1 CORINTIOS 7:7 NVI

La mayoría de nosotras no estamos de acuerdo con el apóstol en que el celibato es algo bueno. Anhelamos el romance, una relación significativa sobre la cual construir un matrimonio y una familia. Pero Pablo dijo que algunos tienen el don del celibato.

Los cristianos estamos llamados a rendirnos, a reconocer el señorío de Dios sobre todas las áreas de nuestra vida, incluso y especialmente esta.

Entrega tus sueños de romance a Aquel que más te ama, y confía en él para darte una vida hermosa a cambio.

## Cómo aferrarse a la familia

*Como tú dices, oh mi señor el rey,*
*yo soy tuyo con todo lo que tengo.*
1 Reyes 20:4 rva

Debemos retener los dones de Dios con las manos abiertas. No podemos retener para nosotras mismas nada que provenga de su bondad.

La familia es el más básico y el más preciado de los regalos de Dios. Al igual que el hombre de esta historia bíblica de la historia de Israel, debemos presentarnos ante nuestro Rey y decirle que todo lo que tenemos, incluida la familia que nos ha dado, le pertenece.

## Vida dirigida

*El corazón del hombre traza su camino,*
*pero el Señor dirige sus pasos.*
Proverbios 16:9 rva

Tú tienes planes para tu vida. Está bien. Dios puso en nosotras el deseo de obrar y lograr. Pero esto nunca debe tener prioridad sobre la voluntad de Dios para nosotras.

La clave de una vida maravillosa no es una educación costosa o un viaje internacional o un estilo de vida próspero con una carrera exitosa. No, la clave para vivir maravillosamente es entregar tus ideas a la luz de su voluntad. Él te mostrará el camino de la vida.

## Él es dueño de tu día

*Tuyo es el día, tuya es también la noche;*
*tú estableciste la luna y el sol.*

SALMOS 74:16 RVA

Dios es el dueño del día y de la noche.

Él es el dueño de este día. El día que sea en la semana, dondequiera que esté en el calendario. Con toda su rutina, catástrofe o sorpresas, Dios es el dueño.

Por tu propia voluntad, entrega tu día hoy a Él. Déjalo ser dueño por segunda vez, porque tú se lo entregas. La belleza de un día que pertenece a Dios te sorprenderá.

# Talentos entregados

*Toda buena dádiva y todo don perfecto*
*provienen de lo alto y desciende del*
*Padre de las luces en quien no hay*
*cambio ni sombra de variación.*

SANTIAGO 1:17 RVA

Cualquier cosa que tengas o disfrutes que sea positiva y agradable viene de Dios. Él es el único con la capacidad y la naturaleza para otorgar estas bendiciones. Los humanos no podemos otorgarlas a nosotros mismos. Y Satanás nunca nos dará nada verdaderamente bueno; solo cosas que se ven bien para atraernos.

Debido a que conocemos al Dador, podemos entregarle nuestras bendiciones.

# El futuro pertenece a Dios

*A ustedes no les toca saber ni los tiempos
ni las ocasiones que el Padre dispuso
por su propia autoridad.*

HECHOS 1:7 RVA

Entrega tu futuro a Dios.

Él no nos ha dado toda la información respecto a lo porvenir en los acontecimientos mundiales. Él ni siquiera nos dice lo que podemos esperar en nuestra propia vida, excepto nos promete que estará con nosotras cada minuto.

Llevar una vida afanosa y temerosa no es su voluntad. Vivir en una relación de confianza y entrega a Dios es lo que él anhela para ti todo el tiempo.

## La vestimenta

*Asimismo, que las mujeres se vistan*
*con ropa decorosa, con modestia y prudencia.*

1 TIMOTEO 2:9 RVA

A Dios le importa la vestimenta que usas.

La única manera de glorificar a Dios ante los demás es a través de lo que ellos pueden ver en ti. Deja que la proclama de lo que tú eres sea uno que honre su nombre. Pórtate apropiadamente, moderada y sencilla. Esta es la verdadera belleza. El exceso de adorno o piel expuesta contradice el objetivo de permitir que la belleza de Dios brille a través de ti. No dejes que tu belleza terrenal oscurezca su belleza santa.

# HERMOSA EN LA ADORACIÓN

## Hecha hermosa a través de la adoración

*Alabaré al Señor mientras viva;*
*cantaré alabanzas a mi Dios con el último aliento.*
Salmos 146:2 ntv

Una mujer que adora a Dios es hermosa. Alabar a Aquel que la creó y le otorgó talentos la hace más encantadora.

La cultura nos dice que las mujeres hermosas deben ser adoradas.

La Palabra de Dios nos dice que las mujeres deben ofrecer adoración a Dios y así ser bellas.

¿A qué o quién, la cultura o a Dios, vas a creer hoy?

## Corazones adoradores

*Te doy gracias con todo mi corazón;*
*delante de los dioses te cantaré salmos.*
SALMOS 138:1 RVA

Levanta tu corazón a Aquel que te ha redimido, a Aquel que te guarda y te cuida.

Hoy, Él realmente se interesa por ti. Él sabe lo que está pasando en tu vida. Alábalo con todo tu corazón. Canta alabanzas a Él.

Cuando el corazón alaba, el rostro resplandece.

## HERMOSA EN EL CRECIMIENTO

*Florecimiento hermoso*

*Plantados estarán en la casa del Señor;*
*florecerán en los atrios de nuestro Dios.*
SALMOS 92:13 RVA

El crecimiento es algo hermoso.

Ya sea una amapola en el campo, un árbol en el bosque, o una hortaliza en el huerto, las cosas que brotan y florecen son vistas maravillosas. La Palabra de Dios dice que aquellos que pongan sus raíces en la tierra del reino de Dios florecerán. No se marchitarán, sino que crecerán y darán belleza a todos los de alrededor.

## *Es un proceso*

*Más bien, crezcan en la gracia y en el conocimiento*
*de nuestro Señor y Salvador Jesucristo.*

2 Pedro 3:18 RV

Lo único que crece de la noche a la mañana es el tallo de frijoles en el cuento de hadas sobre el gigante. En la vida real, el crecimiento de las cosas implica un proceso.

Es lo mismo con tu trayectoria en la feminidad piadosa. Debes permanecer bajo el sol del amor de Dios y negarte a marchitarte bajo la lluvia. Si permaneces conectada con Él, la fuente de la vida, crecerás hasta alcanzar la belleza madura.

## Crece en la fe

*¿Y por qué preocuparse por la ropa? Miren*
*cómo crecen los lirios del campo. No trabajan*
*ni cosen su ropa; sin embargo, ni Salomón con*
*toda su gloria se vistió tan hermoso como ellos.*
*Si Dios cuida de manera tan maravillosa a las*
*flores silvestres que hoy están y mañana se*
*echan al fuego, tengan por seguro que cuidará*
*de ustedes. ¿Por qué tienen tan poca fe?*
MATEO 6:28 NTV

Al igual que una hermosa flor en el campo que nada
hace para ganarse el sol y la lluvia y que no crea sus
propios pétalos encantadores, tú debes mirar hacia
arriba y confiar en Dios para suplir lo que necesitas.

## Activa tu voluntad

*Y por esto mismo, poniendo todo empeño,*
*añadan a su fe, virtud; a la virtud, conocimiento.*
2 Pedro 1:5 rva

Dios quiere que crezcas en comprensión. Y tú tienes una parte que desempeñar en él. Somos diferentes de las flores del campo porque podemos decidir respecto a nuestro crecimiento. Aunque solo Dios puede producir crecimiento en nosotras a través de su santo poder, nosotras podemos aceptar o rehusar sus esfuerzos.

Usa tu voluntad para afirmar que harás todo lo posible para cooperar con el proceso de crecimiento de Dios en ti.

## Testigo para crecer

*Pero recibirán poder cuando el Espíritu Santo
descienda sobre ustedes; y serán mis testigos,
y le hablarán a la gente acerca de mí en todas
partes: en Jerusalén, por toda Judea, en Samaria
y hasta los lugares más lejanos de la tierra.*

HECHOS 1:8 NTV

El poder de Dios que opera en ustedes los llama a
testificar de Él, tanto en sus palabras como en su forma
de vivir. Este es un área en la que Dios quiere que
crezcas. Cuando brillas para Dios, eres hermosa, porque
todo y cada persona donde Él mora tiene en su interior
la belleza de su santidad.

## Ama más

*Y este es mi mandamiento: que se
amen los unos a los otros,
como yo los he amado.*
JUAN 15:12 RVA

El guardar los mandamientos de Dios saca a relucir su belleza en ti. Los mandamientos no se hicieron para sofocar la belleza, sino para cuidarla y protegerla, para que fuera como debía ser.

Una mujer que refleja el amor divino a los que la rodean es una mujer hermosa. Sus acciones y actitudes se basan en la fortaleza afable de Dios.

Hoy, Dios quiere ayudarte a crecer en tu amor por los demás.

## HERMOSA Y BÍBLICA

### Ana: Belleza en la alabanza

*Había también una profetisa, Ana, hija de Penuel, de la tribu de Aser. Era muy anciana; casada de joven, había vivido con su esposo siete años, y luego permaneció viuda hasta la edad de ochenta y cuatro. Nunca salía del templo, sino que día y noche adoraba a Dios con ayunos y oraciones. Llegando en ese mismo momento, Ana dio gracias a Dios y comenzó a hablar del niño a todos los que esperaban la redención de Jerusalén.*

LUCAS 2:36-38 RVA

Anna vivió literalmente para alabar a Dios. Ella fue una de las primeras personas y probablemente la primera mujer además de María en reconocer a Jesús como el Mesías. Cuando llevaron a Jesús al templo cuando era un niño, ella estaba allí para alabarlo. ¡Así es como ser hermosa incluso a los ochenta y cuatro años!

# Ester: Belleza preparada

*Este había criado a Hadasa (que es Ester),*
*hija de su tío, porque ella no tenía padre ni madre.*
*La joven era de bella figura y de hermosa apariencia.*
*El rey amó a Ester más que a todas las mujeres,*
*y ella halló gracia y favor delante de él más*
*que todas las demás jóvenes vírgenes.*
*Él puso la corona real sobre su cabeza*
*y la proclamó reina en lugar de Vasti.*
ESTER 2:7, 17 RVA

Dios había preparado a Ester para el trabajo que ella tenía que desempeñar: ser reina de un rey pagano. Dios te ha preparado también para algo. Descubre lo que es y hazlo para su gloria.

# Rut: Belleza del alma

*Boaz le respondió diciendo:*
*—Ciertamente me han contado todo lo que has*
*hecho por tu suegra*
*después de la muerte de tu marido,*
*y que has dejado a tu padre, a tu madre*
*y la tierra donde has nacido,*
*y has venido a un pueblo que no*
*conociste previamente.*

RUT 2:11 RVA

Rut se entregó por los demás. Ella estaba dispuesta a sacrificarse. Como extranjera en una tierra extraña, dejó de lado sus temores y sirvió. Tal vez ella era hermosa en la cara y la forma también, pero su belleza personal del alma era mayor.

## Abigail: Belleza y sabiduría

*Este hombre se llamaba Nabal, y su esposa, Abigail,
era una mujer sensata y hermosa. Pero
Nabal, descendiente de Caleb,
era grosero y mezquino en todos sus asuntos.
David le respondió a Abigail:
—¡Alabado sea el Señor, Dios de Israel,
quien hoy te ha enviado a mi encuentro!
¡Gracias a Dios por tu buen juicio! Bendita seas,
pues me has impedido matar y llevar a cabo
mi venganza con mis propias manos.*

1 Samuel 25:3, 32-33 NTV

Abigail no solo era hermosa; ella era sabia. Dios la usó
para evitar una tragedia. Dios quiere que seas sabia hoy.

## Sara: Belleza de espíritu

*Cuando estaba por entrar a Egipto,*
*le dijo a su esposa Saray:*
*"Yo sé que eres una mujer muy hermosa".*
GÉNESIS 12:11 NVI
*Porque así también se adornaban*
*en tiempos antiguos*
*aquellas santas mujeres que esperaban en Dios*
*y estaban sujetas a su propio*
*marido. Así Sara obedeció*
*a Abraham llamándolo señor.*
*Y ustedes han venido a ser hijas*
*de ella si hacen el bien*
*y no tienen miedo de ninguna amenaza.*
1 PEDRO 3:5, 6 RVA

Sara era físicamente hermosa, incluso en la vejez. Pero la Biblia la alaba más por su espíritu sosegado. Sigue el ejemplo de Sara para ser verdaderamente hermosa.

# Ana: Belleza en la sumisión

*E hizo el siguiente voto: "Oh SEÑOR
de los Ejércitos Celestiales,
si miras mi dolor y contestas mi oración
y me das un hijo, entonces te lo devolveré.
Él será tuyo durante toda su vida,
y como señal de que
fue dedicado al SEÑOR, nunca se
le cortará el cabello".*

1 SAMUEL 1:11 NTV

Ana presentó su anhelo al Dios de los cielos. Ella pidió un hijo, un varón para llenar su corazón y eliminar la humillación de la esterilidad, que era tan grande en su cultura. Ella prometió dedicar su hijo a Dios para ser consagrado como un nazareo, y ella cumplió su promesa.

# Raquel y Lea:
## Belleza que divide

*Los ojos de Lea eran tiernos, pero Raquel*
*tenía una bella figura y un hermoso semblante.*
GÉNESIS 29:17 RVA

Dos hermanas. El mismo hombre. Suena como una telenovela del siglo 21.

Esta era real. Y los giros y vueltas son desgarradores. Jacob amaba más a Raquel, pero vemos más adelante en la historia que la suya era una belleza intrigante.

No dejes que la belleza personal y los hombres a los que atrae te separen de tus hermanas en Cristo.

# Rebeca: la belleza en trabajar

*Entonces, antes de terminar su oración,*
*vio a una joven llamada Rebeca,*
*que salía con su cántaro al hombro. Entonces*
*llamaron a Rebeca.*
*—¿Estás dispuesta a irte con este*
*hombre? —le preguntaron.*
*—Sí —contestó—, iré.*
GÉNESIS 24:15, 58 NTV

El siervo de Abraham estaba buscando una esposa para Isaac. Dios lo condujo a Rebeca. Ella estaba trabajando, haciendo sus tareas diarias.

Hoy, Dios quiere usar tu fiel atención a los pequeños detalles de la vida para bendecir a otra persona. Es una belleza que a menudo se pasa por alto.

# Eva: Diseñada mujer

*Y de la costilla que el Señor Dios tomó del hombre,*
*hizo una mujer y la trajo al hombre.*
*El hombre llamó el nombre de su mujer Eva,*
*porque ella sería la madre de todos los vivientes.*
Génesis 2:22; 3:20 rva

Eva fue la primera, la primera mujer que Dios formó. En ella Dios expresó su gran plan para la feminidad, sin duda hermoso, elegante, delicado de forma pero fuerte de corazón, perfectamente idónea para ser una compañera, una compañera para Adán.

Tú eres portadora de un remanente de la gloria de Dios. Úsalo hoy para honrarlo.

## María, madre de Jesús: Hermosa en el sacrificio

*El nombre de la virgen era María. ...*
*Entonces María dijo:*
*—He aquí la sierva del Señor; hágase*
*conmigo conforme a tu palabra.*
LUCAS 1:27, 38 RVA
*Y María dijo:*
*—Engrandece mi alma al Señor;*
*y mi espíritu se alegra*
*en Dios, mi Salvador.*
LUCAS 1:46, 47, RVA

María, la madre de Jesús, sacrificó sus planes, sueños y reputación para permitir la voluntad de Dios en su vida. Aunque no sabemos acerca de su belleza externa, podemos ser testigos de la belleza de su sumisión al plan de Dios.

Hoy, determina ponerte en segundo lugar a la voluntad de Dios para ti.

## Dorcas: Hermosa de carácter

*Entonces había en Jope cierta*
*discípula llamada Tabita,*
*que traducido es Dorcas. Ella estaba llena de buenas*
*obras y de actos de misericordia que hacía. …*
*Entonces Pedro se levantó y fue con ellos.*
*Cuando llegó, le llevaron a la sala y*
*le rodearon todas las viudas,*
*llorando y mostrándole las túnicas y los vestidos*
*que Dorcas hacía cuando estaba con ellas.*
HECHOS 9:36, 39 RVA

Dorcas era una mujer que usaba sus dones naturales para bendecir a los demás. Ella sabía coser. ¿Qué sabes hacer? ¿Qué ha puesto Dios en tu esencia que puedes usar como un medio de servicio hermoso?

# Rode: La hermosura de servir

*Pedro llegó a la entrada de la*
*casa y llamó a la puerta.*
*Una sirvienta llamada Rode salió*
*a ver quién llamaba.*

HECHOS 12:13 TLA

La servidumbre en la época de Jesús era común. Muchas personas fueron subyugadas por otra nación o tuvieron que venderse como sirvientes para pagar deudas. Las clases económicas de la época estaban claramente separadas.

Rode era una sirvienta. No sabemos mucho de ella, pero ella estaba sirviendo mientras la iglesia oraba. Ella estaba desempeñando su papel asignado.

Tal vez estés en un lugar humilde hoy. Hazlo hermoso abriendo puertas para los demás.

# Loida y Eunice: Belleza de fidelidad

*Tu abuela Loida y tu madre Eunice*
*confiaron sinceramente en Dios;*
*y cuando me acuerdo de ti, me siento seguro de que*
*también tú tienes esa misma confianza.*

2 TIMOTEO 1:5 TLA

El joven predicador Timoteo tenía una ventaja. Había sido educado por dos mujeres piadosas: su abuela Loida y su madre, Eunice. Esta madre e hija, o suegra y nuera, criaron a un joven que bendeciría a muchos.

¿Cómo quiere Dios que eduques a alguien hoy? Hazlo; eso también te embellecerá.

# María Magdalena:
## Hermosa en la adoración

*Una vez resucitado Jesús, muy
de mañana en el primer
día de la semana, apareció
primeramente a María Magdalena
de la cual había echado siete demonios.*

MARCOS 16:9 RVA

María de Magdala era probablemente una pecadora muy conocida en su ciudad. Ella estaba poseída por siete demonios. Ella sin duda tenía una mala reputación.

Cuando Jesús la redimió y restauró su vida, ella lo amó y lo siguió para siempre, incluso ayudando a enterrarlo y llorando en su tumba en la mañana de la resurrección.

Su corazón era hermoso en la adoración.

# Juana: Servía a Jesús

*Juana, la mujer de Cuza, administrador de Herodes;*
*Susana, y muchas otras. Ellas les*
*servían con sus bienes.*

Lucas 8:3 RVA

*Las que dijeron estas cosas a los*
*apóstoles eran María Magdalena,*
*Juana, María madre de Jacobo,*
*y las demás mujeres que estaban con ellas.*

Lucas 24:10 RVA

Juana es una de las mujeres de las que no escuchas hablar mucho. Pero ella era una fiel seguidora de Cristo, dando de sus propios recursos para financiar el ministerio y el bienestar de Jesús, y una de las mujeres que fueron a la tumba temprano para envolver su cuerpo con especias.

La belleza de Juana estaba en "hacer" por Él.

# Mirian: Hermosa en el triunfo

*Entonces la profetisa Miriam, hermana de Aarón,
tomó una pandereta, se puso al frente,
y todas las mujeres la siguieron,
danzando y tocando sus panderetas. Y Miriam
entonaba este cántico:
«Canten al Señor porque ha triunfado gloriosamente;
arrojó al mar al caballo y al jinete».*
Éxodo 15:20-21 NTV

¡La nación de Israel era libre! Miriam dirigió a las mujeres en una canción de triunfo. Allí, en las orillas del Mar Rojo, ella alabó a Dios para que todos lo vieran.

Hoy, Dios quiere ser glorificado en tu hermosa canción de triunfo.

# Débora: Hermosa en su tiempo

*Débora, la esposa de Lapidot, era una profetisa*
*que en ese tiempo juzgaba a Israel.*
*Solía sentarse bajo la Palmera de*
*Débora, entre Ramá y Betel,*
*en la zona montañosa de Efraín,*
*y los israelitas acudían a ella para que los juzgara.*

JUECES 4:4-5 RVA

No muchas mujeres en Israel poseían el título de profetiza. Pero, aunque fuera poco común, Débora aceptó esta función y ocupó su lugar en este tiempo de los jueces.

¿En qué lugar inusual quiere Dios que seas hermosa ahora mismo?

# Sulamita: Bella en la celebración

*¡Qué bella eres, oh amada mía! Eres como Tirsa, atractiva como Jerusalén e imponente como ejércitos abanderados.*

CANTARES DE SALOMÓN 6:4 RVA

En el antiguo poema de amor de los cantares de Salomón, el rey alaba la belleza de su novia. ¿A quién no le gusta ver a un hombre adorar a su amada? Tal vez hoy sea el día de tu boda, pero probablemente no. Aun así, porque Él (el Príncipe y el Esposo del cielo) ha puesto su amor en ti, hoy hay que celebrar.

Eres amada, admirada, apreciada.

## La hija del Faraón: Belleza bajo presión

*Al poco tiempo, la hija del faraón
bajó a bañarse en el río,
y sus sirvientas se paseaban por la orilla.
Cuando la princesa vio la canasta entre los juncos,
mandó a su criada que se la trajera. ...
y lo llamó Moisés, pues explicó: «Lo saqué del agua».*
ÉXODO 2:5 NTV

Ella era de la realeza pagana, pero ella tenía compasión. Ella rechazó los prejuicios y usó su poder para salvar una vida.

La belleza es hacer lo correcto.

# La esposa de Noé: Belleza en la pérdida

*Noé entró en el arca, y con él sus hijos,*
*su mujer y las mujeres de sus hijos,*
*por causa de las aguas del diluvio.*

GÉNESIS 7:7 RVA

Ella no se nombra en las Escrituras, pero compartió un arca enorme con su esposo y familia y muchos animales durante la peor inundación del planeta.

¿Se dio cuenta ella de que perdería todo lo que no pudo meter adentro, que incluso la tierra se vería diferente cuando salieran del arca? Ya sea que ella era o no atractiva externamente, debe haber tenido una belleza interior ferviente para someterse y compartir y sobrevivir como ella lo hizo.

# Rahab: Bella por la fe

*Fue por la fe que Rahab, la
prostituta, no fue destruida
junto con los habitantes de su ciudad que
se negaron a obedecer a Dios.
Pues ella había recibido en paz a los espías.*

HEBREOS 11:31 NTV

Rahab no tenía una profesión buena. Pero ella eligió creer en el Dios de Israel y arriesgó su vida para ayudar al pueblo escogido. La fe de Rahab fue contada como justicia, y ella fue recibida como miembro en la nación escogida de Dios. Ella incluso se convirtió en un eslabón en la descendencia terrenal de Cristo. Su fe la embelleció.

# Priscila:
## Bella en el ministerio

*Cuando Priscila y Aquilas le oyeron,*
*le tomaron aparte y le expusieron*
*con mayor exactitud el Camino de Dios.*
HECHOS 18:26, RVA

*Priscila y a Aquilas, mis colaboradores*
*en Cristo Jesús,*
*que expusieron sus cuellos por mi vida,*
*y a quienes estoy agradecido,*
*no solo yo sino también todas las*
*iglesias de los gentiles.*
ROMANOS 16:3, 4 RVA

La principal pareja poderosa del ministerio: Priscilla y Aquila. Juntos, ellos enseñaron al gran evangelista Apolos y apoyaron al apóstol Pablo y fueron compañeros de trabajo con él.

Sin necesidad de promocionarse a sí misma, Priscilla es hermosa en su actitud y fervor.

# Lidia: Hermosa en la hospitalidad

*Una de ellas era Lidia, de la ciudad de Tiatira,
una comerciante de tela púrpura muy costosa,
quien adoraba a Dios. Mientras nos
escuchaba, el Señor abrió
su corazón y aceptó lo que Pablo decía.
Ella y los de su casa fueron bautizados, y nos invitó a
que fuéramos sus huéspedes. «Si
ustedes reconocen que soy
una verdadera creyente en el Señor —dijo ella—,
vengan a quedarse en mi casa». Y nos
insistió hasta que aceptamos.*

HECHOS 16:14, 15 NTV

La hospitalidad creativa puede ser un don, pero todos podemos ejercitarlo un poco. Un hogar que es un santuario para la familia y un refugio para los demás es una bendición.

¡Sé maravillosamente hospitalaria!

# La hija de Jefté: Hermosa en dedicación

*Cuando Jefté volvió a su casa en Mizpa,
su hija salió a recibirlo tocando una
pandereta y danzando de alegría.
Ella era su hija única, ya que él no
tenía más hijos ni hijas.
…Y ella le dijo: —Padre, si hiciste un voto al Señor,
debes hacer conmigo lo que prometiste,
porque el Señor te ha dado una gran victoria
sobre tus enemigos, los amonitas.*

Jueces 11:34 RVA

La hija de Jefté insistió en que él cumpliera su voto y comprometiera su vida al servicio y al celibato por el resto de sus días.

Cumple tus votos.

# Marta: Belleza en la actividad

*Prosiguiendo ellos su camino, él entró en una aldea;*
*y una mujer llamada Marta lo recibió en su casa.*

LUCAS 10:38 RVA

Marta ha tenido una mala reputación en el ministerio de mujeres de hoy en día. Ella es recordada como la hermana mayor adicta al trabajo, antisocial, impetuosa, probablemente la primogénita. Y ella tenía una tendencia a preocuparse por las cosas, o de lo contrario Jesús no le habría recordado que no debía dejarse llevar por tanto estrés.

Pero Marta era una hacedora, y Jesús no quería reprimirlo, sino guiarlo. La suya era una belleza de la actividad, que solo necesitaba su dirección.

# María: Belleza en escuchar

*Esta tenía una hermana que se llamaba María,*
*la cual se sentó a los pies del Señor*
*y escuchaba su palabra.*

LUCAS 10:39 RVA

María era más o menos lo opuesto a su hermana Marta. Claro que ella tenía metas y dones, pero no estaba ansiosa con los detalles de la vida.

Mientras que ninguna de nosotras tiene el lujo de sentarse y meditar durante la mayor parte de nuestra vida, María nos muestra cómo obrar en base a buenas prioridades. Su regla es: "Cuando Jesús habla, deténgase y escuche".

Hoy, sé hermosa por la forma en captas cada palabra que Jesús te está hablando.

# HERMOSA EN LA PÉRDIDA

## *La belleza de encontrar*

*¿O qué mujer que tiene diez monedas,*
*si pierde una, no enciende una lámpara,*
*barre la casa y busca con empeño*
*hasta hallarla? Cuando la halla,*
*reúne a sus amigas y vecinas y les dice:*
*"Gócense conmigo porque he hallado*
*la moneda que estaba perdida."*

LUCAS 15:8-9 TLA

¡Hay tanta belleza en las cosas encontradas! Desde lo simple, como las llaves del automóvil, hasta lo sagrado, ¡como los niños desaparecidos! Esta mujer había perdido diez monedas, monedas valiosas.

¿Qué has perdido?

Confía en la suficiencia de Dios mientras esperas la belleza de encontrar.

## Adora en tu tragedia

*Job se levantó y rasgó su vestido en señal de dolor;*
*después se rasuró la cabeza y se postró en el suelo*
*para adorar y dijo:*
*«Desnudo salí del vientre de mi madre,*
*y desnudo estaré cuando me vaya.*
*El Señor me dio lo que tenía,*
*y el Señor me lo ha quitado.*
*¡Alabado sea el nombre del Señor!».*
*A pesar de todo, Job no pecó*
*porque no culpó a Dios.*
Job 1:20-22 NTV

¿Has sufrido una tragedia? La mayoría lo hemos sufrido o lo sufriremos.

Al igual que Job, puedes llamar a Dios, eligiendo la belleza de la adoración en lugar de la indignidad de la blasfemia.

# Más allá de la muerte

*Me rodearon las ataduras de la muerte.*
SALMOS 116:3 RVA

*¿Dónde está, oh muerte, tu victoria?*
*¿Dónde está, oh muerte, tu aguijón?*
1 CORINTIOS 15:55 RVA

La muerte es nuestro peor enemigo físico. Y representa a nuestro enemigo aún mayor, Satanás, quien trata de atraernos hacia la muerte espiritual. No hay mucha belleza en las crudas realidades de cadáveres, ataúdes y cementerios. Cuando la muerte entra, la belleza y la esperanza huyen asustadas.

Bueno, no del todo. Debido a que Jesús conquistó la muerte, podemos mirar a la muerte de frente y creer que la belleza, la belleza eterna, espera justo más allá de su umbral.

## Divorciada, pero no destruida

*"Porque yo aborrezco el divorcio", ha
dicho el Señor Dios de Israel,
"y al que cubre su manto de violencia".*
MALAQUÍAS 2:16 RVA

¿Cómo puede haber belleza en los estragos del divorcio?

No existe, al menos no en la dinámica y las emociones del rompimiento de una relación de una sola carne, el quebranto de la división de un hogar. Pero hay belleza en el Dios que vela y sana a todos los que le llevan sus desavenencias de vida.

Hoy, Dios quiere que sepas que el divorcio no tiene que destruirte.

# Nunca más olvidada

*¿Acaso se olvidará la mujer de su bebé, y dejará de compadecerse del hijo de su vientre? Aunque ellas se olviden, yo no me olvidaré de ti.*

ISAÍAS 49:15 RVA

Acogimiento familiar. Juzgado de menores. Servicios para niños.

Todas estas frases hablan de la realidad de la infancia solitaria. La pérdida de los padres (ya sea por tragedia o irresponsabilidad) es profunda; siempre sigue al niño a la vida adulta.

Hoy, Jesús te ofrece la belleza de su amor hermoso que nunca te olvida.

# Fuente de juventud renovada

*Porque tú, oh Señor Dios,*
*eres mi esperanza,*
*mi seguridad desde mi juventud.*

Salmos 71:5 RVA

*Por tanto, no desmayamos; más bien, aunque se va*
*desgastando nuestro hombre exterior, el interior,*
*sin embargo, se va renovando de día en día.*

2 Corintios 4:16 RVA

La inocencia perdida en la infancia nunca puede recuperarse. Es algo que nunca se conoció, por lo que a menudo los adultos ni siquiera se dan cuenta de su necesidad de lamentarlo.

El Dios de los cielos quiere que sepas que él puede restaurar la belleza de la juventud aun cuando haya pasado, tal vez no en las características físicas, sino en el ser interior, que él puede renovar continuamente.

## Hermosa fuerza

*Esperamos paz y no hay tal bien;*
*tiempo de sanidad, y he aquí, terror.*
JEREMÍAS 8:15 RVA

*Por eso me complazco en las debilidades,*
*afrentas, necesidades, persecuciones*
*y angustias por la causa de Cristo;*
*porque cuando soy débil, entonces soy fuerte.*
2 CORINTIOS 12:10 RVA

Nuestros cuerpos y almas están interconectados. El
uno afecta al otro. La pérdida de salud también causa
trauma al espíritu. Pero debemos luchar contra esta
espiral descendente con la hermosa fuerza que viene
de Cristo. Él hace que incluso nuestra debilidad sea un
triunfo de su poder.

## El amor es la manera

*Soportándose los unos a los otros y perdonándose los unos a los otros, cuando alguien tenga queja del otro. De la manera que el Señor los perdonó, así también háganlo ustedes. Pero sobre todas estas cosas, vístanse de amor, que es el vínculo perfecto.*
Colosenses 3:13-14 rva

Tal vez ningún dolor emocional es tan vívido como el de una relación tensa. Ya sea un lazo familiar, una amistad, o un matrimonio, las relaciones quebrantadas son como un vacío en el alma, impidiéndonos estar verdaderamente llenos de gozo.

La Biblia prescribe una manera de manejar las relaciones tensas.

Da al amor la oportunidad de traer de vuelta a la belleza.

## Todo lo que la vida consume

*Para proveer a los que están de*
*duelo por Sion y para darles*
*diadema en lugar de ceniza, aceite de regocijo*
*en lugar de luto y manto de alabanza*
*en lugar de espíritu desalentado.*

ISAÍAS 61:3 NTV

Piensa en lo que queda después del incendio de una casa. Restos carbonizados de la vida de una familia. Metal ennegrecido aquí y allá. Y mucha ceniza.

A menudo, las pruebas de la vida incineran lo que amamos. Todo lo que podemos hacer es traer ante Dios nuestras vasijas de cenizas húmedas.

Hoy, recuerda que Él es el Dios que reemplaza nuestras vasijas de ceniza con belleza.

## Pérdidas insignificantes

*Más vale tener poco, con el temor del Señor,*
*que tener grandes tesoros y vivir llenos de angustia.*
PROVERBIOS 15:16 NTV

No tiene que ser una gran pérdida. A veces una perdida pequeña también duele. Una taza favorita que se quiebra; un par de zapatos arruinados; un recuerdo de la infancia destruido o perdido. Todo lo que perdemos nos recuerda que no estamos destinados a permanecer en esta tierra.

Las que pertenecemos a Dios estamos destinadas a esa otra tierra, el lugar donde nada se pierde y todas las decepciones de esta vida serán absorbidas en una belleza indescriptible.

# HERMOSA EN LA NECESIDAD

## Confianza en Él

*Porque el Señor será tu confianza*
*y él guardará tu pie de caer en la trampa.*
PROVERBIOS 3:26 RVA

Tenemos la idea de que la confianza nos hace hermosas y deseables. Después de todo, la muchacha de la portada parece nunca tener miedos, sufrir de ansiedad, o experimentar inseguridad. Pero tu Príncipe se siente atraído por tu necesidad. No se amedrenta por las inhibiciones profundas que sientes acerca de ti misma hoy en día. Él sabe que es su gracia en ti la que te da una verdadera confianza. Y Él ya conoce la belleza en ti. Corre a su fortaleza hoy.

## Tú necesitas sabiduría

¡Adquirir sabiduría es lo más
sabio que puedes hacer!
Y en todo lo demás que hagas,
desarrolla buen juicio.

PROVERBIOS 4:7 NTV

Si alguno de ustedes no tiene sabiduría,
pídasela a Dios. Él se la da a todos en abundancia,
sin echarles nada en cara.

SANTIAGO 1:5 TLA

Pide sabiduría a tu Padre celestial. A Dios le atrae tu
necesidad. Él está listo y esperando para compartir sus
recursos contigo. Permite que la belleza de la sabiduría
divina sea tuya hoy.

## Su mano sobre ti

*Reconócelo en todos tus caminos,
y él enderezará tus sendas.*

PROVERBIOS 3:6 RVA

Hoy, necesitas guía. No eres lo suficientemente inteligente como para aconsejarte a ti misma. En las decisiones que tienes que tomar y las personas que necesitas tocar, necesitas la mano de Dios en la tuya, dirigiendo cada giro.

No hay belleza personal para la mujer que trata de hacerlo por su cuenta. Reconoce a Dios hoy.

# Una mujer pacificadora

*La paz les dejo, mi paz les doy.*
*No como el mundo la da*
*yo se la doy a ustedes. No se turbe*
*su corazón ni tenga miedo.*

JUAN 14:27 RVA

Este mundo necesita paz. Nuestros hogares necesitan paz. Nuestras almas necesitan paz.

Jesús prometió dejarnos su propia paz, la que proviene de saber que él es Señor sobre todo y de confiar en su poder para vencer todo lo que enfrentamos.

Tal vez no hay nada tan encantador como una mujer que está en paz consigo misma y con su mundo.

Lleva esta necesidad ante Dios hoy.

## HERMOSA PARA OTROS

*Piensa en los otros*

*No es indecoroso, ni busca lo suyo propio.
No se irrita, ni lleva cuentas del mal.*
1 CORINTIOS 13:5 RVA

*Nadie busque su propio bien, sino el bien del otro.*
1 CORINTIOS 10:24 RVA

*No considerando cada cual solamente los
intereses propios sino considerando cada
uno también los intereses de los demás.*
FILIPENSES 2:4 RVA

Si estás principalmente interesada en tus propios beneficios y bienestar y promoción, entonces no conoces el amor hermoso que Cristo tiene por ti.

Hoy, Dios quiere que recibas su amor y luego lo des a otros. Piensa en los *otros*.

## Amor en acción

*El amor tiene paciencia y es bondadoso.*
*El amor no es celoso.*
*El amor no es ostentoso, ni se hace arrogante.*

1 Corintios 13:4 rva

El tipo de amor que se describe en 1 Corintios 13 es amor divino, y es hermoso. No es principalmente una emoción, sino una acción. Este fue el amor que movió el corazón de Dios para enviar a su Hijo al mundo, el tipo de amor que millones de personas han experimentado y probado y encontrado fuerte y verdadero.

Hoy, Dios nos llama a mostrar la belleza de este amor a los demás.

## Es soportable

*Todo lo sufre, todo lo cree, todo
lo espera, todo lo soporta.*
1 Corintios 13:7 rva

*Más bien, sean bondadosos y misericordiosos
los unos con los otros, perdonándose unos a otros
como Dios también los perdonó a ustedes en Cristo.*
Efesios 4:32 rva

Cree que Dios está obrando en la vida de tus hermanos y hermanas en Cristo. Cree lo mejor de ellos. Cuando lo haces, hay belleza en ti.

Un espíritu cínico, crítico y que encuentra fallas no embellece a nadie e indudablemente proyecta una sombra sobre Cristo, cuyo nombre llevas.

Elige ir más allá: cree lo mejor, sé perdonadora y solidaria. Es hermoso.

# Portadora hermosa de carga

*Todo lo sufre, todo lo cree, todo
lo espera, todo lo soporta.*
1 Corintios 13:7 rva

*Sobrelleven los unos las cargas de los otros
y de esta manera cumplirán la ley de Cristo.*
Gálatas 6:2 rva

No es divertido ser turbada, pero es parte de ser familia, ¿verdad? Y es parte de ser la familia de Dios. Nos aguantamos las rarezas de los demás y pasamos por alto algunos rasgos irritantes. Pero luego hay cosas que son más difíciles de aceptar; estas tenemos que "sobrellevar" y "soportar". El amor divino nos da el poder de hacer eso.

Hoy, procura ser una portadora de la carga y crecer más hermosa en el proceso.

## Llevando belleza al hogar

*Esas mujeres mayores tienen que*
*instruir a las más jóvenes*
*a amar a sus esposos y a sus hijos, a vivir*
*sabiamente y a ser puras, a trabajar en su hogar,*
*a hacer el bien y a someterse a sus esposos.*
*Entonces no deshonrarán la palabra de Dios.*

TITO 2:4-5 NTV

Es algo hermoso crecer en la comprensión.

Dios ha ordenado un programa de mentoría para mujeres que reúne a mujeres mayores y mujeres jóvenes para que se transmita la sabiduría sobre la instauración de la belleza en el hogar.

¿Cómo puedes ser parte de este programa? Busca una manera de participar en él.

# Para tu propia familia

*Sus hijos se levantan y la bendicen.*
*Su marido la alaba.*
PROVERBIOS 31:28 NTV

Eres hermosa para tu familia. Las mujeres fueron diseñadas por Dios para ser las portadoras y creadoras de belleza en el hogar. Tu belleza no es para que la uses para tus propios intereses, sino para que la uses para sustentar a tu esposo e hijos. ¿Qué puedes hacer hoy para que sus vidas sean más bellas?

## Una lámpara para otros

*Tiende la mano al pobre
y abre sus brazos al necesitado.*
PROVERBIOS 31:20 NTV

Hombres, heridos por la batalla y sufriendo en los hospitales simples, llamaron a Florence Nightingale "la dama de la lámpara". Ella era un ángel de misericordia, probablemente la persona más hermosa que habían visto debido a su servicio compasivo a ellos.

En un mundo centrado en sí mismo, donde hay desprecio por los marginados, los sucios y traumatizados, una mujer que encarna un espíritu de compasión es ciertamente una criatura hermosa. Dios alaba este tipo de servicio como un rasgo de la mujer sobresaliente. Recoge tu propia lámpara y empieza.

## Trabaja a favor de otros

*Ella encuentra lana y lino
y laboriosamente los hila con sus manos.*

Proverbios 31:13 rva

No tengo una rueda giratoria. No trabajo con la lana y el lino. Pero tengo trabajo que Dios me ha dado para hacer. Y tú también.

Somos encantadoras cuando cumplimos nuestra función, aceptando voluntariamente la tarea que nos ha encomendado el Creador del universo. Él ha puesto en nosotras dones y habilidades. Él espera que los descubramos y los desarrollemos. Y si Él abre la oportunidad al matrimonio y a los hijos, esa será la parte principal de nuestras responsabilidades.

Sé hermosa; trabaja por ello.

## Amor personificado

*El propósito de mi instrucción es
que todos los creyentes
sean llenos del amor que brota
de un corazón puro, de una conciencia
limpia y de una fe sincera.*

1 Timoteo 1:5 ntv

Trabajar diariamente con los demás es una oportunidad maravillosa para encarnar el hermoso espíritu de Cristo. Sé que suena aburrido y rutinario y algunos compañeros de trabajo pueden ser irritantes y francamente contrarios. Pero Dios lo ha dispuesto así para que tengamos la oportunidad de tratar con aquellos que necesitan ver su amor personificado.

¿Cómo va tu demostración de tal amor?

## Bella, sal y luz

"Ustedes son la sal de la tierra. Pero
si la sal pierde su sabor,
¿con qué será salada? No vale más para nada,
sino para ser echada fuera y
pisoteada por los hombres.
"Ustedes son la luz del mundo. Una ciudad asentada
sobre un monte no puede ser escondida.

MATEO 5:13-14 RVA

En el frenesí de la moda y la confusión de género, tu alegre celebración de la mujer que Dios te llamó a ser es una hermosa declaración de verdad a la cultura. Sé sal. Sé luz.

Difunde el sabor delicioso del esplendor de Dios, y brilla ante todos los que están a tu alrededor.

# ¡Ellos están en todas partes!

*Porque no me avergüenzo del evangelio*
*pues es poder de Dios para salvación*
*a todo aquel que cree.*
ROMANOS 1:16 RVA

Tú los conoces. Los ves en el trabajo, en el gimnasio, en la tienda de comestibles, incluso en la iglesia. Los burladores comienzan a portarse así debido a una profunda decepción personal. No han tratado sus sentimientos de resentimiento, y desarrollan una visión crítica de cualquiera que crea que hay un Dios que se interesa por otros.

Tu belleza como mujer que muestra el amor de Cristo de maneras prácticas es un imán a la verdad.

## Haciendo el bien

*Le recompensará con bien y no con mal*
*todos los días de su vida.*
PROVERBIOS 31:12 RVA

Eres hermosa cuando haces el bien por los de tu familia.

Aquí la Biblia habla específicamente de esposas y esposos, pero el principio se aplica a todos, y especialmente a aquellos en nuestra propia familia. La Biblia nunca aprueba el buscar provecho para sí mismo; siempre aprueba suplir a las necesidades de los demás.

La verdadera belleza es dar, y cuando das a los demás, ya sea tiempo o compasión u otra oportunidad cuando no se lo merecen, eres extraordinaria.

## No mi voluntad

*El Señor le preguntó:*
*—¿De dónde vienes?*
*Satanás contestó al Señor:*
*—He estado recorriendo la tierra,*
*observando todo lo que ocurre.*

Job 2:2 NTV

¿Crees que Dios ha preguntado a Satanás acerca de ti como lo hizo con Job?

Tu belleza entregada es una declaración al diablo, así como a los seres humanos. Cuando obedeces los mandamientos de Dios y le permites brillar a través de ti, estás corrigiendo lo que Eva hizo mal. Estás demostrando que una mujer elige ser hermosa conforme a la voluntad de Dios y no según su propia voluntad.

# ¡Alumbra!

*Así alumbre la luz de ustedes delante de los
hombres, de modo que vean sus buenas obras
y glorifiquen a su Padre que está en los cielos.*
MATEO 5:16 RVA

Dios quiere que hagas buenas obras en público. No
para ser alabada, sino para ser un letrero que señale
hacia Él.

Como una mujer que ha dedicado su vida a Dios,
eres su embajadora, su vendedora por así decirlo. Lo
representas a Dios con cada vestimenta que llevas y
cada actitud que muestras.

Así que ten cuidado con tu vestuario, ¡sonríe un
poco más brillante, y alumbra!

## HERMOSA PARA ÉL

*Él te escogió para sí mismo*

Asimismo, nos escogió en él desde
antes de la fundación
del mundo para que fuéramos santos
y sin mancha delante de él.
EFESIOS 1:4 RVA

No eres una creación al azar. Y tu redención no fue una coincidencia. Tu nacimiento y tu redención fueron planeados. Dios te escogió.

Ser elegida es un cumplido; significa que eres valiosa. Ante los ojos de Cristo, eres encantadora y valorada. Permite que la emoción de saber esto te sobrecoja hoy, y se propague a los que te rodean.

# Él te amó primero

*Nosotros amamos porque él nos amó primero.*
1 JUAN 4:19 RVA

A las mujeres les gusta ser cortejadas y conquistadas. Y los hombres fueron diseñados para ser los conquistadores.

Más que una hermosa distinción de género, este drama milenario refleja la relación de Dios con nosotros. Dios nos vio y nos amó. Él dio el primer paso, en la creación, y luego de nuevo en la salvación. Sus ojos siempre nos vigilan. Él nunca se cansa de mostrar su amor por nosotros. La única manera en que podemos escapar de este amor asombroso es huir de Él. Es conmovedor ser amada por Dios.

## El guerrero de tu corazón

*Cristo hizo suyos nuestros pecados,*
*y por eso murió en la cruz.*
*Lo hizo para que nosotros dejemos*
*por completo de hacer el mal,*
*y vivamos haciendo el bien.*

1 PEDRO 2:24 TLA

Cristo murió por nosotros, renunciando a su vida por la nuestra.

En todos los grandes cuentos románticos, el guerrero está dispuesto a morir por el bien de la hermosa doncella que quiere rescatar. Jesús es ese Guerrero. Él no está dispuesto a dejar que el enemigo nos tome. Él estuvo dispuesto a luchar hasta la muerte por nosotros. ¡Qué amor Jesús tiene por ti!

## Bellamente purificada

*Quien se dio a sí mismo por nosotros para redimirnos de toda iniquidad y purificar para sí mismo un pueblo propio, celoso de buenas obras.*

Tito 2:14 RVA

Nunca he visto a una novia que no estuviera lavada y fresca y radiante. Hay algo de especial en el día de la boda por el cual se pone cuidado extra. Es un día para estar bellamente limpia.

Jesús sabía que no podíamos limpiarnos a nosotras mismas, así que Él nos redimió y nos purificó con su propia sangre. Todo lo que tenemos que hacer es recibir su purificación a favor de nosotras. Él ha provisto todo lo que necesitamos para ser bellamente puras.

## *Hermosa y especial*

*Porque nadie aborreció jamás a su propio cuerpo;
más bien, lo sustenta y lo cuida tal como Cristo a
la iglesia, porque somos miembros de su cuerpo.*

EFESIOS 5:29 RVA

Un hombre que ama a su esposa se deleitará en hacerla
más hermosa regalándole ropa bonita, comprando para
ella perfume y flores, tal vez dejando que ella pase un
día en el spa. Este es un pequeño reflejo del corazón
de Dios.

Jesús, nuestro Esposo, nos sustenta con su amor y
nos estima de muchas maneras. Somos más hermosas
cuando descubrimos las maneras en que Jesús nos
muestra que somos especiales para Él.

## El precio de la novia

*Tengan presente que han sido rescatados*
*de su vana manera de vivir,*
*la cual heredaron de sus padres,*
*no con cosas corruptibles*
*como oro o plata sino con la*
*sangre preciosa de Cristo*
*como de un cordero sin mancha*
*y sin contaminación.*
1 PEDRO 1:18-19 RVA

En el antiguo Israel (y en algunos países hoy), se debe pagar un precio por la novia a la familia de la novia por la pérdida de su hija. Esto es para mostrar lo valiosa que es la mujer y cuánto la anhela el futuro esposo.

Jesús pagó por nosotros el precio por la novia con su propia sangre. Le costó todo. Por lo que Jesús hizo entendemos cuán importantes somos para Él.

## Un lugar preparado

*En la casa de mi Padre muchas
moradas hay. De otra manera,
se los hubiera dicho. Voy, pues, a preparar lugar
para ustedes. Y si voy y les preparo lugar,
vendré otra vez y los tomaré conmigo
para que donde yo esté ustedes también estén.*

JUAN 14:2-3 RVA

No es suficiente para el novio amar a la novia; No, él quiere pasar su vida en relación con ella, vivir con ella en su casa.

Jesús quiere que estemos con él. Él está preparando un lugar para el gran día.

# Liberadas de la torre

*Pues él nos rescató del reino de la oscuridad*
*y nos trasladó al reino de su Hijo amado.*

COLOSENSES 1:13 NTV

Nunca olvides que ninguna posibilidad de recibir amor verdadero si Jesús no hubiera venido a morir por ti. Como la princesa del cuento de hadas en la torre, no tenías esperanzas de escapar.

Jesús vino y te rescató del dominio de las tinieblas. Y ahora, si lo has aceptado, estás viviendo en el reino del amor con Él.

## Él vuelve

*Aguardando la esperanza bienaventurada,*
*la manifestación de la gloria del gran Dios*
*y Salvador nuestro Jesucristo.*

Tito 2:13 rva

Dios nunca nos olvidará. Él ha amado mucho, luchado arduo, pagado muy caro y preparado por mucho tiempo. Él vuelve pronto, en las nubes, a buscarnos. Ese será un día glorioso cuando estemos en su presencia. Todo el polvo de la tierra desaparecerá, y recibiremos cuerpos nuevos eternamente hermosos. ¡Qué gran día ese será!

## HERMOSA PARA TESTIFICAR

### Una imagen de la gloria del Señor

*Por tanto, todos nosotros, mirando a cara
descubierta como en un espejo la gloria
del Señor, somos transformados
de gloria en gloria en la misma imagen,
como por el Espíritu del Señor.*
2 Corintios 3:18 rva

Tú, con toda tu belleza redimida y rendida en Cristo, eres testigo de su gloria.

Todo el sentido de la moda y las tendencias de este mundo son de repente muy temporales cuando una tiene una visión de lo que significa ser amada por Él.

Tú eres una imagen de la gloria del Señor en el mundo.

## Declaración de redención

*De la mano del Seol los redimiré,*
*los libraré de la muerte.*

OSEAS 13:14 RV

Si perteneces a Cristo, has sido redimida de las mismas fauces de la muerte eterna. Y ese es un testigo poderoso. Nuestro mundo vive con miedo. Y por una buena razón. Este es un mundo muy inseguro e inestable. Pero nosotros, que conocemos al Señor de la vida y a quien la muerte ya no tiene cautivos, somos los testigos de Dios.

Hoy en día, tu confianza en Él a medida que consideras la vida con todas sus incertidumbres es una hermosa declaración de su redención.

## Eres testigo de su plan

*Pues Dios nos salvó y nos llamó*
*para vivir una vida santa.*
*No lo hizo porque lo mereciéramos,*
*sino porque ese era su plan desde antes del*
*comienzo del tiempo,*
*para mostrarnos su gracia por medio de Cristo Jesús.*

2 TIMOTEO 1:9 NTV

Dios planeó que fueras su posesión mucho tiempo atrás. Antes incluso de que una célula de tu cuerpo estuviera presente en esta tierra, tú ya estabas muy presente en su plan.

Por medio de su Hijo, Dios nos alcanzó con amor y bondad. Y al hacerlo nos ofreció lo que nadie más podía darnos. Y hoy, Él todavía está trabajando para llevar ese plan a hermosa terminación.

## Nada, sino gracia

*Nos predestinó para que por medio de Jesucristo*
*fuéramos adoptados como hijos*
*suyos, según el beneplácito de*
*su voluntad, para alabanza de la gloria de su gracia,*
*con la cual nos hizo aceptos en el Amado.*
EFESIOS 1:5-6 RV

La gracia de Dios, favor inmerecido.

John Newton, comerciante de esclavos convertido en escritor de canciones y predicador, comprendió la belleza de esto. En las poderosas palabras de su himno "Sublime gracia", Newton escribió el testimonio de que cada uno de nosotros puede reclamar como nuestro: "Cuán preciosa fue esa gracia cuando creí por primera vez".

Hermoso testimonio. Gracia hoy; gracia mañana; gracia por la eternidad.

## Ellos pueden leerte

*Porque lo invisible de Dios, es decir, su eterno poder*
*y su naturaleza divina, se hacen claramente visibles*
*desde la creación del mundo, y pueden*
*comprenderse por medio*
*de las cosas hechas, de modo que no tienen excusa.*

ROMANOS 1:20 RV

Nadie está excusado.

El más culto. El más primitivo.

Todos pueden ver el mundo. Y el mundo habla del poder de Dios con gran detalle.

Ellos también te tienen a ti. Ellos pueden ver el testimonio en tu vida. Tú eres un testimonio viviente de su poder para dar belleza a una vida humana.

Permite que otros puedan leer un testimonio claro en ti hoy.

## El testimonio de la bondad

*Habla siempre con sabiduría,*
*y su lengua se rige por la ley del amor.*
Proverbios 31:26 RV

No hay belleza sin bondad.

Una lengua afilada destruye rápidamente cualquier atractivo que de otro modo se vería. Palabras cortantes y comentarios descuidados son la manera de probar que no hay belleza interior del alma.

Jesús nos llamó a amar, a hablar palabras amables, a practicar el perdón y la misericordia. Las mujeres que procuran cuidar sus palabras son mujeres que realmente entienden la belleza.

# Declaración de su grandeza

*Grande es el Señor, y digno de suprema alabanza;*
*su grandeza es inescrutable.*

Salmos 145:3 rv

Cada vez que eres semejante a Cristo en una situación en la que naturalmente tenderías a ser de otra manera es un testimonio de su grandeza.

Estar sometida en acciones, reacciones y actitudes es una cuestión de decisiones diarias para dejar que el Espíritu ejerza el control. Esto proclama al Espíritu.

Aquellos que no conocen al Espíritu no pueden evitar seguir sus tendencias pecaminosas. Cuando muestras una manera diferente, ellos pueden ver que debe ser Él en ti.

¡Qué hermoso!

## Eres una testigo personal

*Él existía antes de todas las cosas,*
*y por él se mantiene todo en orden.*

COLOSENSES 1:17 RVA

Nada hay en esta vida que no sea tocado por Dios. Él es la fuente; Él es la energía; Él es la constancia.

A veces, los asuntos de fe son vistos como anticuados e irrelevantes para la discusión moderna. Conceptos como la evolución parecen evitar su relevancia. Pero tú eres testigo de que está muy presente en tu vida y que, debido a que hay una participación íntima de lo divino, también debe haber una participación pública de lo mismo.

Gracias por demostrarlo tan hermosamente.

## Eres un retrato

*De hecho, sin fe es imposible agradar a Dios.*
*Todo el que desee acercarse a Dios*
*debe creer que él existe y que él*
*recompensa a los que lo buscan con sinceridad.*
HEBREOS 11:6 NTV

La misma imagen de ti, una mujer humana, comprometida con Cristo y ordenando tu vida de una manera que señala a su existencia: eres otro vínculo en una procesión gloriosa a través de los siglos. Tu retrato está en la galería; la tesis de tu vida ha sido catalogada. Tu vida cuenta bien la historia.

## Su creatividad en ti

*Cuando contemplo tus cielos, obra de tus dedos,*
*la luna y las estrellas que tú has formado,*
*digo: "¿Qué es el hombre, para*
*que de él te acuerdes;*
*y el hijo de hombre, para que lo visites?"*

SALMOS 8:3-4 RVA

¡Piensa en lo maravilloso que fue de Dios escribir el testimonio de su gloria en las cosas que son visibles!

Los vastos cielos, los cuerpos celestiales, todos ellos arden con el mensaje de su presencia creativa.

Tú, con tu belleza dada por Dios y tu vida llena de gracia, también eres testigo de ella. Hoy, tú eres la estrella; ¡Brilla!

# HERMOSA POR LA ETERNIDAD

## *La persona interior eterna*

*Sino que sea la persona interior del corazón
en lo incorruptible de un espíritu tierno y tranquilo.
Esto es de gran valor delante de Dios.*

1 PEDRO 3:4 RVA

Cuando mis hijos eran pequeños y hablábamos sobre la muerte, yo les decía que la "persona interior" pasaba a estar con Jesús.

La persona interior es la que es la verdadera. Bajo este cuerpo que se desvanece, si hemos sido salvados por Él, hay un espíritu que ha sido tocado con la belleza de su gracia. Y su belleza durará por la eternidad.

## No más arrugas

*Él transformará nuestro cuerpo*
*de humillación para que*
*tenga la misma forma de su cuerpo de gloria,*
*según la operación de su poder,*
*para sujetar también a sí mismo todas las cosas.*

FILIPENSES 3:21 RVA

Las arrugas son cosa de la tierra. ¡Ay! Si a eso le añadimos todas las verrugas, imperfecciones y protuberancias y enfermedades y trastornos que componen la lista de dolencias humanas, y tienes lo que el apóstol Pablo llamó un "cuerpo de humillación".

Hoy, regocíjate en el conocimiento de que serás hermosa por la eternidad, ¡en un nuevo cuerpo!

## Lágrimas enjugadas

*Y Dios enjugará toda lágrima de los ojos de ellos.*
*No habrá más muerte, ni habrá más llanto,*
*ni clamor, ni dolor;*
*porque las primeras cosas ya pasaron.*

APOCALIPSIS 21:4 RVA

La capacidad de llorar es un don humano. El cuerpo es capaz de expresar lo que está pasando en su interior, demostrando la interconexión de las partes físicas y emocionales de nosotras.

Algunas lágrimas son de alegría; pero sobre todo, las lágrimas denotan dolor. Y Dios va a eliminar el dolor de nuestra existencia eterna. ¿No te parece que eso será hermoso?

## Plenitud eterna

*Y este es el testimonio: que Dios nos ha dado*
*vida eterna, y esta vida está en su Hijo.*
*El que tiene al Hijo tiene la vida;*
*el que no tiene al Hijo de Dios no tiene la vida.*

1 Juan 5:11-12 RVA

¿Te sientes bien hoy? ¿Cómo lo sabes? ¿Contra qué pauta lo estás juzgando?

Me pregunto si realmente sabemos cómo se siente ser plena.

Cuando vivamos eternamente con Dios, tendremos una nueva medida para juzgar. Será un modelo de vitalidad hermoso y completo.

# No más sueño de bella

*Porque las primeras cosas ya pasaron.*
APOCALIPSIS 21:4 RVA

Necesitas tu "sueño de belleza".

¿Oíste a alguien decir eso?

Sí, ellos tenían razón. La mayoría de nosotras lo necesitamos. Pero uno de estos días lo harás por última vez. Dormirás la última noche, la última siesta del mediodía, la última siesta en tu sillón. Y eso no es morboso. Es maravilloso.

En la casa de Dios, no necesitarás descansar. Tu cuerpo y tu mente estarán eternamente vigorizados. Sin mencionar que nada podría mejorar tu extraordinaria belleza.

## Visión clara;
## Revelaciones hermosas

*Ahora vemos oscuramente por medio de un espejo,*
*pero entonces veremos cara a cara.*
*Ahora conozco en parte,*
*pero entonces conoceré plenamente,*
*así como fui conocido.*
1 Corintios 13:12 rva

Lo mejor que podemos hacer aquí en la tierra es ser un reflejo borroso de la gloria de Dios. Nuestra mejor belleza juvenil es como mirar en la plata deslustrada de un espejo antiguo. No es muy claro.

Pero un día lo veremos cara a cara, y nuestros ojos serán completamente abiertos para ver la majestad de esa gloria revelada en nosotros como nunca la vimos en la tierra.

## Reflejo radiante

*Por tanto, todos nosotros, mirando
a cara descubierta
como en un espejo la gloria del Señor, somos
transformados de gloria en gloria
en la misma imagen,
como por el Espíritu del Señor.*
2 Corintios 3:18 rva

Aunque nuestra visión no es lo que Dios puede ver, incluso nuestros ojos terrenales pueden reconocer que cada día somos transformadas un poco más en un reflejo de Él. Por medio de su gracia, a través de nuestras pruebas y dificultades, por medio de nuestra fe, estamos siendo conformadas a su hermosa imagen.

¡Hoy, mantente firme en el progreso radiante que ves!

## Mantén los ojos fijos en ese día

*Ciertamente el bien y la misericordia me seguirán*
*todos los días de mi vida,*
*y en la casa del Señor moraré por días sin fin.*

SALMOS 23:6 RVA

En la presencia de Dios, veremos cómo Él obró en nosotros todo el tiempo. Nos deleitaremos sabiendo que nos dirigió hasta el final, de que fue su mano la que nos esculpió y nos forjó y que su bondad y misericordia nos siguió.

No te desesperes, no importa lo que veas hoy. Mantén los ojos fijos en ese día cuando por siempre estarás en la casa del Señor.

## Estaremos siempre con el Señor

*De cierto les digo que no beberé más
del fruto de la vid hasta aquel día
cuando lo beba nuevo en el reino de Dios.*
MARCOS 14:25 RVA

*Bienaventurados los que han sido llamados
a la cena de las bodas del Cordero.*
APOCALIPSIS 19:9 RVA

*Y así estaremos siempre con el Señor.*
1 TESALONICENSES 4:17 RVA

Gran parte del lenguaje de la Biblia es el lenguaje del romance/matrimonio. Vamos a pasar felices para siempre con nuestro Príncipe, Jesús, glorificadas por su amor y deleitadas en su presencia.

Ninguna otra belleza se compara con eso.